技术经济与创新丛书

中国社会科学院数量经济与技术经济研究所项目组
———— 著

市场导向的
绿色技术创新体系研究

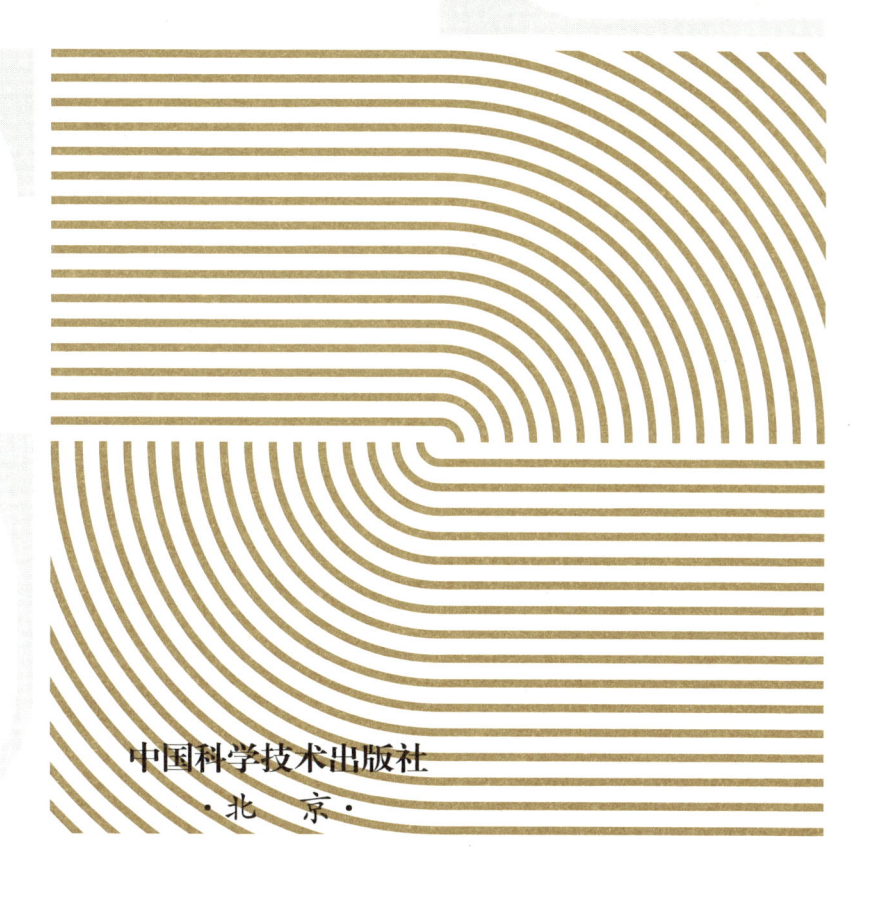

中国科学技术出版社
·北京·

图书在版编目（CIP）数据

市场导向的绿色技术创新体系研究 / 中国社会科学院数量经济与技术经济研究所项目组著 . — 北京：中国科学技术出版社，2022.10

（技术经济与创新丛书）

ISBN 978-7-5046-9730-1

Ⅰ . ①市… Ⅱ . ①中… Ⅲ . ①技术革新—研究 Ⅳ . ① F062.4

中国版本图书馆 CIP 数据核字（2022）第 134169 号

策划编辑	杜凡如　王碧玉	责任编辑	杜凡如　申永刚
封面设计	马筱琨	版式设计	蚂蚁设计
责任校对	吕传新	责任印制	李晓霖

出　　版	中国科学技术出版社
发　　行	中国科学技术出版社有限公司发行部
地　　址	北京市海淀区中关村南大街 16 号
邮　　编	100081
发行电话	010-62173865
传　　真	010-62173081
网　　址	http://www.cspbooks.com.cn

开　　本	710mm×1000mm　1/16
字　　数	190 千字
印　　张	14
版　　次	2022 年 10 月第 1 版
印　　次	2022 年 10 月第 1 次印刷
印　　刷	河北鹏润印刷有限公司
书　　号	ISBN 978-7-5046-9730-1/F・1029
定　　价	89.00 元

（凡购买本社图书，如有缺页、倒页、脱页者，本社发行部负责调换）

中国社会科学院数量经济与技术经济研究所项目组
绿色技术创新团队

组长 | 吴　滨　许明超

成员 | 庄芹芹　刘建翠　胡　楠

　　　　朱承亮　周祥真　王珊珊

　　　　金　山　李杭航　皇甫笑宇

　　　　陈馨雨

"技术经济与创新丛书"编委会

名誉主任：孙晓郁 罗冰生

主　任：李　平

副主任：李志军

编　委：王宏伟　王宗军　王祥明　王昌林　王稼琼　牛东晓
　　　　　田杰棠　邢小强　吕　薇　任福君　买忆媛　李开孟
　　　　　吴　滨　吴贵生　张米尔　张宗益　杨德林　胡志坚
　　　　　胥和平　徐成彬　黄检良　黄群慧　蔡　莉　穆荣平

学术秘书：何　冰

序言

习近平总书记强调,我们要"以关键共性技术、前沿引领技术、现代工程技术、颠覆性技术创新为突破口,敢于走前人没走过的路,努力实现关键核心技术自主可控,把创新主动权、发展主动权牢牢掌握在自己手中"。技术和科学事关经济增长和人类长期福祉,创新则是科技不断进步的推动器,在当今异常激烈的国际竞争面前,在单边主义、保护主义上升的大背景下,我们必须走适合我国国情的创新之路,特别是要把提升原始创新能力摆在更加突出的位置,努力实现更多"从0到1"的突破。深入研究与分析国家创新体系建设工作的开展情况,对"十四五"时期强化战略科技力量,加快从要素驱动发展向创新驱动发展的转变,助力实现高水平科技自立自强具有重要意义。

中国科学技术出版社以申报国家"十四五"重点图书出版规划项目为契机,邀请中国技术经济学会组织专家团队在充分调研的基础上推出了以"技术经济与创新"为主题的系列丛书,这套丛书从产学研协同创新与区域创新绩效研究、颠覆性技术创新生态路径研究、多边平台视角下的技术转移与技术交易、市场导向的绿色技术创新体系研究四个维度对国家创新体系建设进行了深入剖析,通过丰富的技术创新理论、政策与案例,既体现了国家把创新置于现代化建设全局核心位置的重要导向,又为培育壮大经济发展新动能打下了坚实的理论与实践基础。

《产学研协同创新与区域创新绩效研究》以异质性创新网络结构视角下我国区域产学研协同创新与区域创新绩效关系为研究对象,通过全面分析产学研协同创新网络结构对区域创新绩效的影响机制及区域创新绩效影响因素的实证分析，为我国区域创新绩效的提升与对应的政策制定提供了可靠依据；同时也为加强我国区域产学研协同创新与网络结构优化提供了理论依据与政策建议。

《颠覆性技术创新生态路径研究》以颠覆性技术创新生态路径作为研究对象，从创新生态系统的角度，研究在颠覆性技术创新的不同阶段，在科学突破—技术选择—技术锁定的不同时期，创新生态系统中的创新主体、创新要素、创新环境、创新机制等的演化特点和规律，并对其整体演化路径和规律进行总结，提出了颠覆性创新发展的相应政策建议。

《多边平台视角下的技术转移与技术交易》从多边平台的视角，围绕技术转移和技术交易，系统梳理了技术研发、技术市场、技术定价、相关政策以及多边平台等领域的研究进展，分析了技术市场和技术交易的基本内容，梳理了技术成果的评估和评价方法，对技术交易价格的形成机制进行了探索，对技术交易平台的业务功能和商业模式进行了研究，并讨论了技术转移和技术交易中的知识产权等问题。

《市场导向的绿色技术创新体系研究》立足于绿色技术、市场导向和创新体系三个层面，尝试对以市场为导向的绿色技术创新体系进行理论分析，同时介绍了国内外绿色技术创新体系建设的宝贵经验，以期加快构建适合我国国情的市场导向绿色技术创新体系从而强化科技创新引领，并成为推进经济可持续发展和实现生态文明建设要求的重要支撑。

在编写本丛书的过程中，中国技术经济学会李平理事长、中国社会科学院数量经济与技术经济研究所吴滨研究员、四川大学颜锦江教授和吴鹏教授、成都大学吴中超教授以及他们的研究团队付出了极大的努力，编写组研究过程中，也得到了众多专家的大力支持，在此一并表示感谢！

中国技术经济学会

2022年8月

目录
CONTENTS

绪论　推动绿色技术创新的现实意义

第一章　绿色技术的理论内涵与特点

一、国内外绿色技术定义梳理　009

二、绿色技术的定义和内涵辨析　016

三、绿色技术的特点与分类　018

第二章　绿色技术创新体系

一、技术创新体系概念及构成　025

二、绿色技术创新体系的规律和内涵　030

三、绿色技术创新需求分析　034

四、绿色技术创新主体分析　039

五、绿色技术创新环境分析　050

第三章　市场导向绿色技术创新体系理论分析

一、市场导向与市场机制　065

二、绿色技术创新的市场导向　072

三、绿色技术创新的市场机制　079

四、市场导向的绿色技术创新体系基本特征　085

第四章　市场导向绿色技术创新体系实践

　　一、国际典型经验　093

　　二、我国实践发展　105

　　三、国内外绿色技术创新体系建设的经验借鉴　131

第五章　加快构建市场导向的绿色技术创新体系

　　一、绿色技术创新的发展现状及趋势　139

　　二、构建市场导向的绿色技术创新体系政策建议　159

第六章　绿色技术评价方法与应用案例

　　一、绿色技术评价方法　167

　　二、绿色技术应用案例　190

绪论

推动绿色技术创新的现实意义

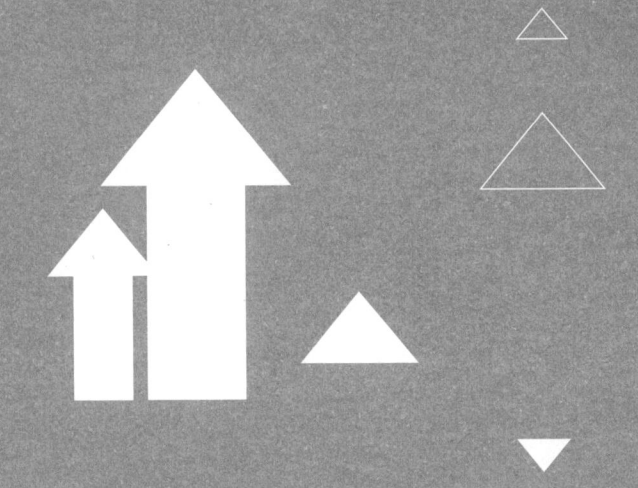

目前，我国已经开启全面建设社会主义现代化国家的新征程，对生态文明建设提出了更高要求，同时内外部环境也出现了新的特点；国际形势复杂多变，经济发展面临多方面的挑战，生态环境保护与经济发展的协调问题更加突出。在这种背景下，进一步推动绿色技术创新具有更为重要的现实意义。

构建绿色技术创新体系是实现新时代经济社会高质量发展的内在要求。随着我国改革开放广度和深度的持续推进以及中国特色社会主义发展进程的加快，社会经济的发展方向也从追求量的增加向质的提高转变。虽然我国现在已经全面建成了小康社会，人民的物质生活水平得到了很大的提高，但是人民日益增长的美好生活需要和不平衡不充分的发展之间的矛盾仍然是我国社会主要矛盾，而且在经济发展的前期，由于对资源和环境过度的消耗和破坏，人民群众的生存环境仍然面临很大的威胁。实现经济的高质量发展要求在经济发展的过程中不仅要关注量的增加，而且也要注重质的提高，在经济高速发展的过程中更加关注经济增长的效率及发展水平，充分协调好人口、资源和环境的关系。更重要的是传统技术已经不能满足现在社会发展的需求，如果不对现有技术进行创新和改进，就会对现有的资源和环境造成持续性的浪费、消耗和破坏。绿色技术创新改变了传统的技术模式，在促进经济高质量发展的同时，也会注重对生态环境的保护，最大限度上减少经济发展对社会和生态环境的破坏，既能满足人民对物质文化的需要，又能实现对生态环境的保护以及对自然资源的合理充分利用。由于绿色技术创新能够实现低污染、低能耗、低排放、高产出的目标，实现经济社会高质量发展也要求政府和企业有必要进行绿色技术创新，这也符合社会发展的趋势和潮流。

构建绿色技术创新体系是加快生态文明建设落实绿色发展理念的重要

举措。生态文明是经济持续发展和人民追求美好生活的内在要求，是关乎中华民族永续发展的根本大计。加快推进生态文明建设，要求我们既要做到在经济发展中注重环境的保护，又要做到在保护环境时协调经济发展，走出一条符合我国实际国情的既能促进经济发展又能实现资源节约和生态环境保护的新途径，最终实现人与自然和谐共生的美好局面。绿色技术创新不仅具有提高生产效率和企业竞争力的经济功能，又具有环境保护的社会属性。更重要的是绿色技术创新聚焦于环境友好和节能领域，是实现节能减排、缓解气候灾害、提高绿色全要素生产率、实现我国可持续发展目标和促进高质量增长的重要手段和途径。绿色技术创新能够减少能源使用和污染，同时增加容易回收和再制造材料的利用，降低化石能源消耗对自然环境的影响。把清洁生产、生态环境保护、污染防治和低碳技术有效地结合起来，进而促进生态文明的建设，实现自然生态系统和社会经济系统的良性循环。

绿色技术创新体系是支撑创新型国家建设的重要组成部分。科技创新是实现创新型国家战略的基石，也是促进经济高质量快速发展和实现社会主义现代化的重要推动力。加快建设创新型国家，提高创新投入和自主创新能力，特别是提高绿色技术创新能力，是深入实施创新驱动发展战略，不断增强经济创新力和竞争力，实现经济高质量发展的重要方法。在中国共产党的领导下，经过各级政府、企业和广大劳动人民的共同努力，我国在科学技术创新方面取得了显著的成绩，如截至2021年末，我国有效专利数量为1542.1万件，其中境内有效发明专利270.4万件，每万人口高价值发明专利拥有量7.5件，而且有些科技成果达到了世界领先水平。虽然我国的科技创新水平与过去相比有了较大的进步，但是，与自身的经济实力以及西方发达国家相比，我国的技术创新能力还有较大的发展空间，特别是在高精尖技术方面，仍然存在较大的技术瓶颈。在新一轮的科技革命和国际竞争格局重塑中，我国必须抓住时代的机遇，积极参与到科技革命的洪流之中，深化科技体制改革，积极构建以市场为导向的绿色技术创新体系，使企业进行绿色技术创新时有持续的动力和激情，大力发展绿色、清洁、低碳和环保技术，加强国家创新体系建设。而且绿色技术有益于资源节约和环境保护，且不会对人类的福利产生负面的影响。发展绿色技术是一项全新的技术经济模式，其创新体系是我国国家创新体系建设的重要组成部分。

构建绿色技术创新体系是推动新兴产业发展，建设现代化经济体系的重要支撑。建设现代化经济体系是为了满足经济社会发展的要求，建立符合社会发展规律的新型经济体系，能够促进经济的高质量发展，有利于产生新的经济增长点。加快建设现代化经济体系包含有发展实体经济、建设现代产业体系和完善社会主义市场经济体制这三个着力点。其中发展实体经济和完善社会主义市场经济体制的具体内容就包含有使制造业企业向着智能化转型、实现绿色发展和营造科技创新的良好环境等内容。并且建设现代化经济体系的主要内容之一就是要抓住新一轮的科技革命机遇期，加快科技创新，实现互联网、人工智能和实体经济的充分结合，促进生产方式的转变和产业结构的优化升级，加快推进产业结构向高端、绿色和高效的方向发展。可见，绿色发展体系也是现代化经济体系建设的一部分，而绿色技术创新更加有助于推动新兴产业发展，夯实实体经济发展，为现代化经济体系筑牢坚实基础。

第一章
绿色技术的理论内涵与特点

绿色与人类社会可持续发展密切相关，绿色发展已经成为全球性议题，绿色技术受到了普遍关注。现实中存在众多与绿色技术相近或相关的技术概念，对绿色技术的理解也有所不同，这在一定程度上也反映了绿色技术内涵的丰富性。

一、国内外绿色技术定义梳理

工业化带来了巨大的物质财富，但同时也对生态环境造成了较大冲击。面对日益恶化的生态环境和全球性气候问题，相关领域的技术也受到广泛重视。尽管目前绿色技术已经被普遍使用，但仍缺乏较为统一的定义，理论层面和实践层面对绿色技术进行了不同的界定。

（一）理论研究定义

绿色技术又被称为环境技术、环境友善技术、环境优先技术等。自19世纪60年代，欧美等发达国家陆续制定了与治理污染和保护环境相关的法律法规，促进了末端治理技术的产生和发展，许多环境相关技术的概念被提出。1994年，国外学者布朗（Braun）和韦德（Wield）最早提出了绿色技术的概念，并将其定义为"减少环境污染以及原材料和能源使用的技术、工艺或产品的总称[1]"。

我国许多学者也对绿色技术开展过研究。许庆瑞等（1998）将节约资源、避免或减少环境污染的技术称为绿色技术，并将绿色技术看作一个技术系统，其包括末端技术和污染预防技术两个子系统[2]。杨发明和许庆瑞（1998）根据与环境匹配的难易度，将绿色技术分为末端治理技术、绿色工艺、绿色产品三个层次[3]。余淑均（2007）认为，绿色技术指所有有利于环境保护与生态保持的技术，包括科学技术、应用技术和管理技术[4]。郭滕达等（2019）结合中国的实际情况，借鉴欧洲专利局和经济合作与发展组织所开发的绿色专利"标签"，将绿色技术划分为一般环境管理技术、可再生能源技术、提高燃烧效率的燃烧技术、减缓气候变化技术、间接投入技术、绿色运输技术、绿色建筑技术、核电和水电技术八大类，并认为由此产生的绿色生产和绿色投资等相关行为，均可称为是"绿色"的[5]。

绿色技术是一门系统技术，从产品全生命周期的角度考虑，其不仅包含于产品设计制造环节，还体现在产品回收利用环节。绿色技术的终极目标是实现经济效益、社会效益和环境效益的统一，既要通过技术提高企业经济利益，又要保护人类与环境和谐发展。根据绿色技术对环境影响作用路径的不同，可以将绿色技术划分为末端治理技术、清洁生产技术和绿色技术产品三大类。末端治理技术是在维持现有生产技术和工艺流程的基础上，通过技术手段对废弃物进行分离、处置和焚化等，从而减少生产废弃物排放对环境的污染。清洁生产技术是在废弃物产生之前，就采用可替代原材料、改造生产工艺、强化内部管理、废弃物循环利用等技术手段，减少有害物质的排放。绿色技术产品是指采用新技术生产某种新产品，这种产品区别于传统产品，其消费环节能够减小对环境的伤害，或者提高产品的回收利用价值，进行循环利用。

（二）国际组织定义

1992年，联合国环境与发展大会通过的《21世纪议程》提出了环境友好技术（Environmental Sound Technologies，EST），并从非连续的产品和工艺、环境保护技术系统、环境保护方面的技术范式技术革命三个层面对其概念进行了阐述，展现出EST从微观到宏观、从局部到整体、从减少环境污染到全面保护环境的深刻内涵。联合国产业发展组织为了便于开展环境项目，在工艺和产品层次上对EST进行界定，EST可以被理解为清洁生产技术。2015年，经济合作与发展组织根据环境政策目标制定了环境有关技术专利检索策略，根据环境污染对人类健康的影响、水资源短缺、生态系统健康和减缓气候变化等环境政策目标，将绿色技术分为一般环境管理（空气和水污染、废物处理等），适应水资源短缺，应对生物多样性威胁和缓解气候变化等领域[6]。世界可持续发展工商理事会同样通过列举的方式对绿色技术进行了定义，认为绿色技术是具有减少资源/能源密集型的产品或服务使用比例或增加服务密集型的产品或服务使用比例、降低污染物排放、增强材料/产品的可回收性和耐用性、提高可再生资源使用占比等效果的技术[7]。世界经济论坛在《绿色投资报告》中指出：对可再生能源、能源效率技术、可持续交通和固废处理等领域（不包括核能和水电）的投资可视作绿色投资[8]。世界知识产权组织（WIPO）于2010年推出了一个被称为"国际专利分类绿色清单"（IPC Green Inventory）的EST专利信息在线检索工具。该清单由国际专利分类专家委员会制定，并与国际专利分类体系具有密切联系，对于清楚界定何种技术属于绿色技术以及推动绿色技术研发与转化均有现实意义。依据《联合国气候变化框架公约》（UNFCCC）的EST相关主题，分类绿色清单将绿色专利划分成替代能源产业、交通运输业、能量保存、废弃物管理等七大类，具体分类及信息见表1-1。

表1-1 WIPO 国际专利分类绿色清单

议题		国际专利分类号	专利范围
替代能源产业	生物燃料		
	整体煤气化联合循环发电	C10L 3/00 F02C 3/28	C10L 3/00 F02C 3/28
	燃料电池	H01M 4/86-4/98, 8/00-8/24, 12/00-12/08	H01M 4/86-4/98, 8/00-8/24, 12/00-12/08

续表

议题		国际专利分类号	专利范围
替代能源产业	生物质热解或气化	C10B 53/00 C10J	C10B 53/00 C10J
	人为废物的能源利用		
	水能		
	海洋热能转换	F03G 7/05	F03G 7/05
	风能	F03D	F03D
	太阳能	F24S H02S	F24S H02S
	地热能	F24T	F24T
	非燃烧类的其他热能制造或使用，如自然热量	F24T 10/00-50/00 F24V 30/00-50/00	F24T 10/00-50/00 F24V 30/00-50/00
	利用余热		
	用肌肉能量产生机械能的装置	F03G 5/00-5/08	F03G 5/00-5/08
交通运输业	一般车辆		
	用气体燃料的内燃机		
	轨道交通车辆之外的车辆		
	轨道交通车辆	B61	B61
	海洋船舶推进车		
	用太阳能的宇宙飞船	B64G 1/44	B64G 1/44
能量保存	电能储存	B60K 6/28 B60W 10/26 H01M 10/44-10/46 H01G 11/00 H02J 3/28, 7/00, 15/00	B60K 6/28 B60W 10/26 H01M 10/44-10/46 H01G 11/00 H02J 3/28, 7/00, 15/00
	供电线路	H02J	H02J
	耗电计量	B60L 3/00 G01R	B60L 3/00 G01R

续表

议题		国际专利分类号	专利范围
能量保存	热能储存	C09K 5/00 F24H 7/00 F28D 20/00, 20/02	C09K 5/00 F24H 7/00 F28D 20/00, 20/02
	节能灯		
	一般建筑物热绝缘	E04B 1/62, 1/74-1/80, 1/88, 1/90	E04B 1/62, 1/74-1/80, 1/88, 1/90
	恢复机械能	F03G 7/08	F03G 7/08
废弃物管理	废物处理	B09B B65F	B09B B65F
	废物加工		
	用燃烧消耗废物	F23G	F23G
	废物重复使用		
	污染防治		
农业/林业	林业技术	A01G 23/00	A01G 23/00
	替代灌溉技术	A01G 25/00	A01G 25/00
	农药替代物	A01N 25/00-65/00	A01N 25/00-65/00
	土质改良	C09K 17/00 E02D 3/00	C09K 17/00 E02D 3/00
行政、监管或设计	通勤,如多座客车、远程办公等	G06Q G08G	G06Q G08G
	碳交易/碳排放交易,如污染信用	G06Q	G06Q
	静态结构设计	E04H 1/00	E04H 1/00
核能发电	核能工程	G21	G21
	采用核能热电的燃气轮机	F02C 1/05	F02C 1/05

（三）政策实践定义

随着经济和社会的不断发展，绿色技术的概念和内涵也不断演变，绿色技术由于在环境保护上的重要作用也变得越来越重要。我国"五位一体"总体布局要求推进生态文明建设，因此绿色技术对于经济和社会发展具有重大意义。一般而言，绿色技术是指能减少污染、降低消耗、治理污染或改善生态的技术体系。广义上来看，一切有利于环境保护、节约资源、有助于可持续发展的技术都可称为绿色技术。就现阶段而言，在节能环保、清洁能源、清洁生产、循环经济等领域改善环境和生态的促进可持续发展的技术，统称为绿色技术。

国家层面，党的十九大报告指出："构建市场导向的绿色技术创新体系，发展绿色金融，壮大节能环保产业、清洁生产产业、清洁能源产业。"2019年，国家发展和改革委员会（以下简称"国家发展改革委"）和科技部联合发布的《关于构建市场导向的绿色技术创新体系的指导意见》中指出，绿色技术是指降低消耗、减少污染、改善生态，促进生态文明建设、实现人与自然和谐共生的新兴技术，包括节能环保、清洁生产、清洁能源、生态保护与修复、城乡绿色基础设施、生态农业等领域，涵盖产品设计、生产、消费、回收利用等环节的技术。

2014年，商务部、环境保护部（现生态环境部）、工业和信息化部联合发布《企业绿色采购指南（试行）》（简称《指南》），详细阐述了企业的绿色采购原则，并就企业如何采购绿色材料、产品、服务以及选择绿色供应商做出了明确规定。《指南》的发布对于引导和促进企业实施绿色采购、进而构建绿色供应链发挥了重要作用，并且间接扩大了绿色技术的市场需求，有力推动了绿色技术创新和发展。2018年，为加快节能低碳技术的推广应用，国家发展改革委组织编制了《国家重点节能低碳技术推广目录》，遴选出煤炭、电力、钢铁、有色、石油石化、化工、建材等13个行业的260项重点节能技术，对于引导节能低碳技术在经济社会重点领域的推广应用方面发挥了良好的政府推动作用，同时也进一步调动了相关企业进行节能低碳技术创新的积极性和主动性。

随着绿色技术不断发展及其对经济社会发展和生态环境保护的重要意义越发突出，绿色技术对社会各领域产生了广泛影响，在专利制度层面也产生了"绿色专利"的概念。绿色专利是指以有利于节约资源、提高能效、防控污染等绿色技术为主题的发明、实用新型和外观设计专利[9]。国家统计局充分考虑我国绿色技术创新现状及产业应用趋势，并发挥自身在专利审查、分类数据统计等实务方面的优势，在《绿色专利分类体系构建和绿色专利统计分析研究简要报告》中详尽阐述了"绿色专利"的概念和内涵，明确指出了专利技术领域划分依据以及"绿色专利"对照标准，同时还提出了我国在"绿色专利"方面将进行重点统计和监测的28个技术领域。为了服务创新驱动发展战略、完善专利审查程序，于2018年8月生效的《专利优先审查管理办法》进一步明确，涉及节能环保、新一代信息技术、生物、高端装备制造等国家重点发展的战略性新兴产业的相关专利申请和复审可以请求优先审查。

在实践中，绿色技术银行相关业务的开展同样需要以明确绿色技术定义为前提。建设绿色技术银行是我国落实《联合国2030可持续发展议程》和《巴黎协定》的关键举措之一，同时也是中国参与全球话语体系的重大战略，多次出现在政府相关文件中。在科技部等相关部门的大力推动下，2016年我国绿色技术银行建设开始步入正轨，并在2017年于上海成立了我国首家绿色技术银行，担负着促进绿色技术原始创新、落地转化和区域转移的重要使命。截至目前，绿色技术银行涉及的绿色技术主要包括：化石能源的清洁高效利用，大型公共绿色建筑、固体废弃物清洁能源化利用等十项标志性绿色技术体系[10]。

二、绿色技术的定义和内涵辨析

绿色技术是指降低消耗、减少污染、改善生态，促进生态文明建设、实现人与自然和谐共生的新兴技术，包括节能环保、清洁生产、清洁能源、生态保护与修复、城乡绿色基础设施、生态农业等领域，涵盖产品设计、生产、消费、回收利用等环节的技术。

就绿色技术内涵而言，"绿色"既是总体要求，又代表了技术类型。全面落实绿色发展理念，促进人与自然和谐发展是绿色技术的根本出发点，绿色技术是改变人们生产、生活方式，实现经济、社会、生态协同的所有技术的统称；同时，"绿色"的要求体现在技术创新的全过程，一方面要对推动生态文明建设某一方面起到积极作用，另一方面技术应用、产品生产等过程也要符合绿色发展的要求。

"技术"表明了属性。与科学知识不同，绿色技术更加注重应用价值，充分反映实用性特点。同时，绿色技术要符合技术革命、产业革命和我国技术创新的阶段特征，表现为一定的先进性和引领性。此外，新一轮技术革命使技术创新形式更加丰富，渐进式技术创新和颠覆性技术创新并存，技术类型呈现多元化特点，单一领域的技术和系统性改造在推动绿色发展中均发挥重要作用。

综合而言，绿色技术的内涵可以表述为：以绿色发展理念为导向，在推动生态文明建设具体方面具有明显效果，生态效益、经济效益、社会效益相统一，引领或代表相关领域绿色发展趋势，应用潜力较大的单一性技术、综合性技术和系统性技术。

与节能、资源综合利用、低碳、环保、循环经济等具体方面的技术相比，绿色技术具有如下特征：绿色技术体现了从问题导向到理念导向的转变。相比较而言，节能技术、低碳技术、资源综合利用技术、环保技术等主要是聚焦在绿色发展某一具体问题，具有很强的问题导向的特征，与之不同的是，绿色技术则更加体现绿色发展理念的导向，更加注重绿色发展的整体要求和综合效果。此外，绿色技术也是五大发展理念整体性的代表。体现了直接效果和综合效果相统一。广义上讲，任何提高效率的技术都对生态具有积极作用，绿色技术并非简单判断技术的影响，而应具有明确的应用指向，即要突出生态文明建设某一领域或多个领域的直接效果。在明确直接效果的同时，与某一方面的具体技术相比，绿色技术注重对生态环境各环节、各层面的直接或间接的综合影响，这是理念导向的重要体现。绿色技术体现了局部性与整体性相统一。绿色发展的理念贯穿于生产、生活的全过程，推进全面绿色发展是生态文明建设的基本要求，也是生态文明建设目标实现的重要保障。不仅注重局部效果和整体效果相结合，而且，与某一方面具体技术相比，绿色技术领域范围更加广泛，在突出重点领域和重点环节的同时，应涵盖生产、生活的全过程。绿色技术体现了创新性与多样性相统一。加强技术创新不仅是建设创新型国家的内涵，也是生态文明建设的主要推动力。绿色技术要突出我国技术创新的要求，强调技术的引领性和原创性，同时也要反映技术革命的趋势和特点，积极推动综合性、系统性技术的发展，加大对新产业、新业态和新模式的支持。由于涉及的范围更加宽泛，相对于某一方面的具体技术，绿色技术多样性特点尤为突出。

综上所述，我们提出绿色技术的定义是指降低消耗、减少污染、改善生态，促进生态文明建设、实现人与自然和谐共生的新兴技术，包括节能环保、清洁生产、清洁能源、生态保护与修复、城乡绿色基础设施、生态农业等领域，涵盖产品设计、生产、消费、回收利用等环节的技术。

在内涵上，与绿色产品提供、生产和生活方式绿色转型、生态环境优化直接相关，生态综合效应突出，生态效益、经济效益、社会效益相统一，具有一定先进性，代表绿色发展趋势的技术集合。

在外延上，绿色技术涵盖节能、节水、资源综合利用、低碳、清洁生产、循环经济、环保、生态修复等绿色发展各领域和各环节的技术，同时强调技术的综合效应和效益。

三、绿色技术的特点与分类

（一）绿色技术特点

绿色技术属于技术的一种，但是绿色技术与一般技术又有差别，主要体现在绿色技术在创新过程中存在外部性。所以就其技术属性来看，一般技术的社会属性体现在经济效益方面，绿色技术的社会属性不仅体现在经济效益方面，更体现在社会效益和生态效益方面。综合来看，绿色技术具有以下特点。

一是复杂性。绿色技术并不是指具有某一特定作用的单项技术，而是一个个共同价值标准引领下的技术群甚至是技术体系，涵盖从环境保护、清洁能源、污染治理到环境监测等方方面面的技术。这些技术之间既相互区别又相互联系，体现单一技术与系统技术的结合。二是动态性。绿色技术是一个动态发展的相对概念，随着科学技术迅速发展以及人们对生态环境要求的不断提高，绿色技术的内涵和外延也随着时间不断演变和发展，绿色技术由原来减少污染的技术延伸到现在有利于可持续发展的技术等；过去的绿色技术在新的技术和社会环境中可能就是非"绿色"的。正因如此，技术的动态性也造成技术研发面临的风险性很大。三是融合性。从技术发展来看，绿色技术并不是单一技术，而是与其他技术紧密结合的多样性技术，这体现出绿色技术的生态价值和社会价值。四是渗透性。从技术应用领域来看，绿色技术涉及不同的领域，融合在社会生活的各个方面，并且应用范围越来越广。五是技术需求不足。从技术应用需求角度来看，由于绿色技术具有明显的外部性，应用绿色技术所带来的产品生态价值难以内部化并在市场上实现，且应用绿色技术还会在短期内直接抬高企业运营成本，从而导致企业对于绿色技术的市场需求严重不足。六是技术供给不足。从技术创新动力来看，因为研发成果并不能为企业带来直接的经济效益，并且绿色技术创新还具有投入规模大、风险系数高的特点，所以企业主动进行绿色技术研发的积极性并不强，从而导致绿色技术的市场供给明显不足。七是推广动力不足。因为企业使用绿色技术，不能带来有效的经济效益，所以技术推广动力不足。这主要是由于对企业的激励不充分，使得绿色技术相对于传统技术应用得更少。因此，需要政府加大对企业的激励，促进绿色技术的应用。八是参与主体多元化。绿色技术不仅体现在技术的经济价值，还体现在技术的社会价值和生态价值，因此，需要包括政府、企业、高校和科研机构等多个主体共同参与完成，促进绿色技术多元主体价值的实现。

（二）分类

从领域分类来看，可以在两个维度界定：一是联系的维度，即人与自然之间的联系，包括资源层面的需求、环境层面的污染物排放以及生态层面的直接影响；二是需求的维度，包括人类需求的视角和生态需求的视角。绿色技术分类见表1-2。

表 1-2　绿色技术分类

需求维度		联系维度		
^	^	资源 （节约与高效利用）	环境 （污染物减排与处理）	生态 （生态优化）
人类需求	生产	●	●	
^	服务	●	●	
^	消费	●	●	
^	生活	●	●	
生态需求				●

综合两个维度，考虑到绿色技术全领域的特征，绿色技术的领域可以分为绿色生产、绿色服务、绿色消费、绿色生活和生态优化。

绿色生产：第一、第二产业中的绿色技术。

绿色服务：服务业及社会公共服务中的绿色技术。

绿色消费：消费品和消费方式中的绿色技术。

绿色生活：居民生活中的绿色技术。

生态优化：生态治理和改善中的绿色技术。

从技术类型来看，根据应用层次和应用特征，绿色技术类型可以分为单一型技术、综合型技术和系统型技术。

单一型技术：针对具体产品、环节或领域的单一技术。

综合型技术：面向生态环境具体问题的多技术综合应用。

系统型技术：生产生活某一领域或系统整体性改造。

本章参考文献

[1] BRAUN E, WIELD D.Regulation as a means for the social control of technology [J]. Technology Analysis & Strategic Management, 1994, 6 (3) : 259-272.

[2] 许庆瑞, 王毅, 黄岳元, 等. 中小企业可持续发展的技术战略研究 [J]. 科学管理研究, 1998 (01) : 5-9, 78.

[3] 杨发明, 许庆瑞.企业绿色技术创新研究 [J]. 中国软科学, 1998 (03) : 47-51.

[4] 余淑均.对绿色技术内涵与类别的再思考 [J]. 武汉工程大学学报, 2007 (05) : 40-42.

[5] 郭滕达, 魏世杰, 李希义. 构建市场导向的绿色技术创新体系: 问题与建议 [J]. 自然辩证法研究, 2019, 35 (07) : 46-50.

[6] HASCIC I, MIGOTTO M.Measuring environmental innovation using patent data [J]. OECD Environment Working Papers, 2015 (89) : 5-58.

[7] 陈琼娣, 胡允银."绿色专利"制度设计 [J]. 中国科技论坛, 2009 (03) : 106-109, 114.

[8] SCHWAB K.The green investment report: the ways and means to unlock private finance for green growth [R/OL] . (2013-01-07) [2022-06-01] .https://www.convergence.finance/resource/7a41a353-23a5-4ed4-9051-6e5c44172604/view.

[9] 陈泉生, 张梓太. 宪法与行政法的生态化 [M]. 北京: 法律出版社, 2001.

[10] 张美涛, 曹芳. 金融支持"绿色技术银行"相关概念综述与辨析 [J]. 福建商学院学报, 2019 (02) : 27-32.

第二章
绿色技术创新体系

绿色技术创新是技术创新与环境保护和可持续发展的结合，具有自身独有的特征。绿色技术创新体系需要立足绿色技术创新的特点，进一步对绿色技术创新的需求、主体和环境进行分析。

一、技术创新体系概念及构成

通过对国内外技术创新体系相关文献的梳理和综合分析，归纳出技术创新体系的主要内涵、构成要素以及典型模式。从我国整体上看，目前国家创新体系逐渐完善，取得了明显的成绩，但是，科技基础比较薄弱，体制改革还需要进一步深化。在此基础上，要充分考虑我国特点，科学借鉴国外先进模式，建设最符合我国国情的技术创新体系。

（一）技术创新体系的概念内涵

国家创新体系最早由弗里曼（Freeman）于1987年提出，他认为"国家创新体系是由公共部门和私营部门中各种机构组成的网络，这些机构的活动和相互影响促进了新技术的创造、引入、改进和扩散[1]"。国家创新体系自提出以来，国外学术界围绕其概念内涵展开激烈讨论，尤其是在20世纪90年代。1992年，伦德瓦尔（Lundvall）基于系统视角给出国家创新体系的定义，认为"国家创新体系是由一些要素及其相互联系作用构成的复合体，这些要素在生产、扩散和使用新的、经济上有用的知识的过程中相互作用，形成一个网络系统[2]"。而1993年，纳尔逊（Nelson）指出"国家创新体系是由大学、企业等有关机构形成的复合体制，制度设计的任务是在技术的私有和公有两方面建立一种适当的平衡[3]"。1994年，帕特尔（Patel）和帕维特（Pavit）指出"国家创新体系是一个国家制度安排、组织效率和国家能力的体现，用以测度一国技术和知识流动的效率和方向[4]"。经济合作与发展组织（1997）提出，"国家创新体系是由政府和私营部门共同组成的组织网络，这些主体的行为以及它们之间的相互作用直接关系着国家的创新水平[5]"。

我国学界最早在1992年引入了国家创新体系概念，不同学者也从不同角度给出了对国家创新体系的理解。比如，路甬祥（1998）认为"国家创新体系是由与知识创新和技术创新相关的机构和组织构成的网络系统[6]"。冯之浚（2000）从网络视角给出国家创新体系的定义，认为"国家创新体系是一个国家内有关部门和机构间相互作用而形成的推动创新的网络，是由经济和科技的组织机构组成的创新推动网络[7]"。国务院在2006年年初颁布实施的《国家中长期科学和技术发展规划纲要（2006—2020年）》也明确给出国家创新体系的概念，指出"国家创新体系是以政府为主导、充分发挥市场配置资源的基础性作用、各类科技创新主体紧密联系和有效互动的社会系统[8]"。

综上可知，国内外学者和机构从不同角度分别给出对国家创新体系的理解，国家创新体系的概念内涵也在理论探讨和实践运用中不断发展丰富。尽管目前关于国家创新体系的概念尚未有统一定义，但是通过对国内外各种观点的综合分析，我们可以将国家创新体系的主要内涵归纳为以下几点：

首先，国家创新体系是由政府、企业、高校和科研机构、科技中介机构等多个创新主体构成且相互作用的复杂网络体系，目的在于提升国家创新能力。这一复杂的网络体系至少包括三个子网络，一是影响国家创新能力的制度、政策等制度组织网络，二是各创新主体围绕创新行为展开交互作用的社会行动网络，三是各种创新资源要素自由流动和相互结合的资源配置网络。国家创新体系影响着新知识新技术的产生和扩散，以及科技成果转化为现实生产力的速度和效率，最终决定着国家创新能力的高低。

其次，国家创新体系是关乎一国科技进步和经济社会发展的制度安排，具有天然的制度属性，本质上是一种结构化的制度体系，有助于让科学知识在全社会进行传播，促进先进技术的研发和应用，提升整个国家的创新水平。政府、企业、高校和科研机构、科技中介机构等创新主体的定位是否准确，各创新主体的联系是否紧密决定着国家创新体系的效率。国家创新体系的构建必须从整个国家层面上综合考虑，不应该是科技部门、教育部门等单个部门或几个部门的事情。

再次，国家创新体系因国情差异而各具特色，不存在最优的国家创新体系，只存在符合本国国情的国家创新体系。受体制、制度、历史、文化等多种因素影响，每个国家的国情具有显著差异，这也使得建立在该国国情基础上的国家创新体系具有其独特特点。这意味着，我国在构建完善技术创新体系过程中，应该充分认识我国基本国情，认真总结科技发展成功经验，积极吸收借鉴世界主要创新型国家技术创新体系特色和优点，努力构建适合我国国情的技术创新体系。

最后，国家创新体系的构建不是一蹴而就的，必须经历一个不断完善的过程，国家创新体系的构建是一个复杂的系统工程，同时也是一个渐进的探索过程，技术创新体系也必然要在深化认识中逐步走向完善，发挥孕育激发创新的功能。与此同时，国家创新体系的构建不是一成不变的，各创新主体的构成及其互动作用必须随着经济、科技全球化发展而不断变化，从而技术创新体系也必须随着国家内外部环境的变化而进行不断的调整和优化。

（二）技术创新体系的构成要素

通过对文献的梳理可以发现，学界对于国家创新体系的构成要素目前尚无统一认识。绝大多数学者认为国家创新体系主要由政府、企业、高校和科研机构、科技中介机构等创新主体构成，但也有部分学者对国家创新体系的构成要素进行了扩展，认为除了上述主体要素外，国家创新体系还包括环境要素（体制、运行机制、管理、保障条件等）和功能要素（科学创新、技术创新、产品创新、产业创新、制度创新、人才培养等）。

我们认为，仅从创新主体要素的角度看，国家创新体系的构成要素主要包括政府、企业、高校和科研机构、科技中介机构等（如图2-1所示），这些构成要素的作用和定位各不相同，各创新主体的合理定位及相互间的有效互动决定着国家创新体系的效能。其中，政府是制度创新的主体，通过制定一些激励创新的相关制度，承担着协调创新活动、引导鼓励企业技术创新等职责。企业是技术创新的主体，这不仅仅意味着企业是研发投入和技术创新活动的主体，还意味着企业还是创新成果应用的主体，可以说，作为技术创新的主体，企业的主导作用贯穿技术创新全过程。高校和科研机构是知识创新的主体，其主要职能是进行知识创新和人才培养，也就是说高校和科研机构不仅仅是重要的创新源和知识库，还承担着教育和培训职能。此外，高校和科研机构也可以在政府的支持下，与企业开展合作，充分发挥创新源功能，推动科技创新。科技中介组织主要为其他创新主体提供服务功能，承担服务创新主体的职责，能够更好地将科技供给和市场需求联系到一起，是推动科技成果转化和产业化的重要桥梁。

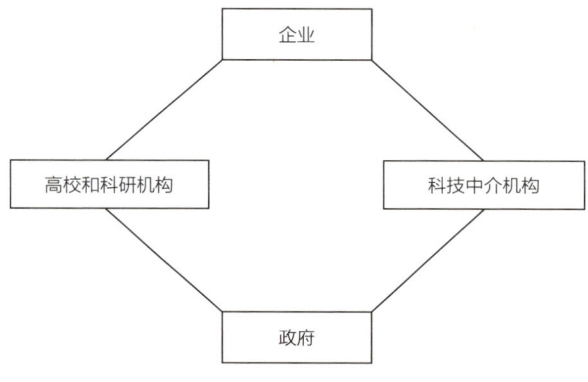

图 2-1 国家创新体系的构成要素

（三）技术创新体系的典型模式

技术创新体系的主体核心构成要素是企业、高等院校、科研机构和政府部门，前三个要素的合作即产学研合作是技术创新体系的基本模式。所谓产学研合作是以企业、高等院校、科研机构为核心，在政府、科技中介服务机构、金融机构等支持下，按照一定的机制和规则进行合作，形成某种联盟或者独立实体，实现科技创新并将科技成果转化为现实生产力，推动科技进步和加快经济社会发展的过程[9]。根据不同的分类标准，产学研合作具有不同的典型模式。比如，根据合作内容的不同，可以分为四类：技术创新、人才培养、实验设备和仪器利用、信息获取；根据合作期限的不同，产学研合作可以划分为两种：短期型和长期型；根据合作合同的不同，产学研合作可以划分为两种典型的形式：正式型和非正式型；根据合作组织形式的不同，产学研合作可以划分为：合作成立研发小组、合作建立研发机构、合作建立产学研联盟、合作建立大学科技园、合作建立科技企业孵化器、共同创办新的科技型企业、合作举办学术会议等多种典型模式。其中，合作技术创新在以上几种典型的产学研合作模式中占据关键地位，通过直接将高校和科研机构产出的新知识、新技术输送到企业，促进了科技成果的转化。

值得关注的是，美国、德国、日本、韩国等世界主要创新型国家在技术创新体系模式方面大胆探索，形成诸多值得我们借鉴的经典模式。创新共同体、创新实验室是近年来美国技术创新体系的典型模式，其中创新共同体是指美国政府为了强化私营研发型企业的产学研合作，由研发企业、科技园区、大学与学院、联邦实验室共同组成的产学研合作组织，该模式推进了私营研发企业与科技园、大学、联邦实验室之间的协同创新。此外美国把企业、大学和720多个国家重点实验室结合起来推广创新实验室模式，形成市场化引导产学研合作的模式。技术创新联盟是近年来德国技术创新体系的典型模式，通过产学研合作来实现协同创新，具体来说是指企业、高校、科研机构和其他机构共同合作，建立技术创新合作组织，从而达到联合开发、优势互补、利益共享、风险共担的效果。技术研究组合是近年来日本技术创新体系的典型模式，具体来说是国家鼓励多家企业和科研机构建立合作，共同组成"研究组合"，在考虑技术的产业化前景的基础上进行技术研发，该模式联合攻关产业共性技术，为新产业的出现提供"种子"或"起爆剂"。此外，近年来韩国推出了产学合作重点教授模式，即鼓励高校聘请有企业工作经历、有创业背景的杰出人才，并朝着"产学研专家"方向进行培养，使高校对学生的培养更贴近企业的需求，研究更满足市场需要。

总体来讲，我国国家创新体系建设经历了从科技与经济结合、科研机构与企业结合的科研体制改革，到建立企业为主体、产学研相结合的创新体系，乃至建设创新型国家的过程。从我国整体上看，目前国家创新体系快速进步，取得了明显的成绩，但是，由于科技基础比较薄弱，体制改革还需要进一步深化。党的十九大报告指出，我国要建立以企业为主体、市场为导向、产学研深度融合的技术创新体系。在此过程中，要充分发挥市场在科技资源配置中的决定性作用，更好发挥政府的服务作用。

二、绿色技术创新体系的规律和内涵

与一般性技术创新不同，绿色技术创新体系的研究相对较晚，是主要伴随经济发展过程中的环境问题而出现并发展的。与传统技术创新相比，绿色技术创新既有技术创新的一般规律，又有其自身的特点，本节主要分析绿色技术创新的基本规律、内涵以及区别于传统技术创新体系的主要特点。

（一）绿色技术创新的基本规律

绿色技术创新是将生态、环境与传统技术创新有机地结合起来的一种特殊技术创新，将生态观念和环境观念引入技术创新的各个环节，从而促进技术创新朝着有利于资源和环境互相协调的方向发展。绿色技术创新是全球新一轮工业革命和科技竞争的重要新兴领域，基于绿色技术创新形成了专门提供绿色技术设备和服务的产业，成为经济发展的新动力。与传统技术创新相比，绿色技术创新既有技术创新的一般规律，又有其独特的特点，具体表现如下：

一是绿色技术创新大多属于渐进式创新。虽然以新能源为代表的部分绿色技术具有突破性的属性，但总体上看，绿色技术大多是对传统生产、生活过程的改进，即对现有生产工艺、生产流程、生产设备、生活设施的绿色化改造，从而实现降低资源消耗、减少污染物排放的目的，所以绿色技术具有很强的渐进式创新的特征。

二是绿色技术创新具有很强的学科交叉性。绿色技术并非孤立的技术，而是需要与具体的技术相结合，只有嵌入到所服务的行业和领域之中才能更好地发挥其作用。所以，绿色技术创新需要多学科加以支撑，通过多学科的交叉融合实现传统行业和领域的绿色发展。

三是绿色技术创新具有很强的应用导向。绿色技术创新是以绿色发展为目标，以降低资源消耗、保护生态环境为出发点，直接服务于具体的产业和领域，应用性很强，同时上述特点也决定了绿色技术创新必须与特定的产业和领域相结合。

四是绿色技术创新发展的内在动力不足。应用绿色技术通常不产生直接经济效益，同时会增加经营成本，导致绿色技术的市场需求不足。另外，绿色技术创新投入较大，风险较高，导致绿色技术的供给不足。所以，绿色技术创新相关产业发展有赖于环境制度的完善。

（二）绿色技术创新体系的概念内涵

随着我国经济发展过程中环境问题的日益严重，学界对构建绿色技术创新体系进行了相关探讨。董炳艳和靳乐山（2005）认为发展绿色经济，需要将绿色技术创新当作一个宏观系统来考虑，且必须强调政府在绿色经济发展过程中的作用，绿色技术创新必须在国家创新系统的影响下发展[10]。戴鸿轶和柳卸林（2009）认为，与传统创新体系的概念类似，环境创新体系的概念也可以区分为国家环境创新体系、区域环境创新体系、产业环境创新体系等多个层次，但无论属于哪个层次的环境创新体系，该体系均包括政府、企业、大学科研机构、公众等创新主体，均强调环境技术从产生到扩散再到应用的整个过程及其支撑要素[11]。杨博和赵建军（2016）认为绿色技术创新体系是一个包含低碳技术和循环技术在内的技术群，是一系列创新要素的组合并相互关联所组成的网络，是一个以实现绿色创新为目标，各要素之间相互协调发展的体系[12]。严金强和杨小勇（2018）指出由于绿色技术具有"逆市场逻辑"特征，绿色技术创新必须重构市场价格形成机制，消除绿色技术的负外部性，也正因为如此，绿色技术创新需要有一个各方支持的环境和多种机制形成合理的系统，这一系统即绿色技术创新体系，他们认为绿色技术创新体系包括不同主体相互作用所形成的创新系统，以及以企业为核心的系列创新机制，其中绿色金融作为绿色技术创新体系的血液，贯穿绿色技术创新的全过程[13]。

综合可见，与传统技术创新体系相比，关于绿色技术创新体系的研究相对较晚，主要是伴随着经济发展过程中存在的环境问题而出现并发展的。目前，由于对绿色技术、绿色技术创新等概念内涵的理解和认识不同，学界对绿色技术创新体系也没有给出一个统一的定义，政府机构更没有出台相关的政策文件加以界定和规范。尽管学界对绿色技术创新体系仁者见仁智者见智，但是在关于绿色技术创新体系的以下几点上是达成共识的：一是构建绿色技术创新体系是必要的也是重要的，这是践行绿色发展理念，推进绿色发展的必然要求，这是建设美丽中国，创建创新型国家的应有之义。二是绿色技术创新体系是推动新兴产业发展建设现代化经济体系的重要支撑，是满足新时代人民日益增长的美好生活需要的重大举措。三是绿色技术创新体系是技术创新体系的重要组成部分，必须将其纳入国家创新系统统筹考虑。四是绿色技术创新体系是包括政府、企业、高校和科研机构、科技中介机构、社会公众等在内的多主体参与并相互作用的复杂系统，主要目的在于实现绿色技术的产生、扩散和应用，进而促进经济社会高质量发展。

（三）绿色技术创新体系的主要特点

根据绿色技术创新体系的概念内涵，与传统技术创新体系相比，绿色技术创新体系具有以下五个主要特点：

一是面临多重失灵风险。由于绿色技术具有很强的负外部性，加之我国创新经济激励的缺乏和不完善，导致绿色技术创新体系会同时面临市场失灵、系统失灵、政府失灵等多重问题。

二是创新主体更具多样性。与传统技术创新体系的创新主体相比，绿色技术创新体系的创新主体更加多元化，不仅包括政府、企业、高校和科研机构、科技中介机构等，还包括社会公众等个人。

三是企业主体作用更难确定。无论是传统技术创新体系，还是绿色技术创新体系，企业在体系内都应该占据主体地位，企业是创新决策、创新投入、创新活动、创新应用的主体，但是，由于绿色技术公共产品的属性，导致企业实施自主绿色技术创新的动力会受到很大影响，从而导致企业在绿色技术创新体系中的主体地位更加难以确立。

四是政府角色更加重要。由于绿色技术创新体系会同时面临多重失灵问题，为了解决这些问题，必须高度重视政府作用，更好发挥政府在公共研发、政策法规、系统协调等方面的服务功能，更好推动绿色技术的产生、扩散和应用。

五是强调社会公众参与。绿色技术创新体系与社会公众密不可分，绿色技术创新体系的构建离不开社会公众的参与。社会公众是绿色技术的消费者，应该积极培养公众的绿色消费意识，引导公众积极参与到绿色发展中来，促进经济社会生态的可持续发展。

三、绿色技术创新需求分析

上节提到，与一般传统性技术创新相比，绿色技术创新具有鲜明的特点，对创新主体要求更高，因此衍生出理论需求与现实供给上的显著矛盾。这些矛盾具体体现在生态环境、市场环境以及科研环境三个方面，对绿色技术创新主体活动及绿色技术创新体制机制升级提出新的需求，见表2-1。

表2-1 市场导向的绿色技术创新体系的需求

供需关系	内涵	需要解决的问题	政策工具	独特性
社会需求和现实需求	企业的环保需求	缴纳排污费 不得违法排污	技术标准 环境税 法律法规	是
	政府的环保需求	提供共性关键技术 提供公共服务平台	研发支持 法律法规	否
	公众的绿色消费理念	培育绿色消费观念	法律法规 政策宣传	是

续表

供需关系	内涵	需要解决的问题	政策工具	独特性
技术创新需求和技术创新供给	政府绿色技术创新供给	关键共性技术研发	研发专项 基金支持 应用示范	否
	企业绿色技术创新供给	培育更多的绿色技术创新企业	税收优惠 资金支持 法律法规 用户补贴	是
	绿色技术服务体系	信息平台 技术交易平台 知识产权保护制度	资金支持 法律法规 应用示范	是
	财税、金融供给	绿色关键技术研发	税收支持 基金支持	否
科研需求和创新需求	目标转变	创新的市场化应用	目标规划 法律法规	是
	激励转变	创新的经济效益	研发支持 政府采购	是
	机制转变	创新的体制机制	法律法规 产权保护	是

（一）第一层供需关系：公众对生态环境的社会需求和现实供给存在矛盾

改革开放以来，我们在取得经济快速发展的同时，也对生态环境造成了严重的破坏。温室效应、土地荒漠化、森林草原生态退化越来越严重，大气污染、水污染、固体废物污染事件频发，不断对公众社会生活造成负面影响，因此越发引起公众的关注。公众对生态环境的需求越来越强烈，因此形成了公众对生态环境的社会需求和现实供给之间鲜明的矛盾，然而这种社会需求，仅仅依靠公众自身是无法实现的，只有依靠政府、企业、高校和科研机构、科技中介机构、社会公众等创新主体协同进行绿色生产和生活方式的变革，才能实现绿色发展。

从市场机制来看，传统经济发展造成了社会供需之间的矛盾，准确地说，是经济主体对环境资源的生产和消费产生了外部性，一般认为分为外部成本与外部效益。外部成本是指资源开发造成生态环境破坏所形成的社会成本与私人成本，外部效益是指生态环境保护所产生的社会效益与个人效益。由于传统经济发展造成社会边际成本收益与私人边际成本收益相悖的现象，造成了市场失灵，因此必须依靠政府加以解决。政府可以通过税收与补贴等手段使产生的外部性"内部化"，同时构建外部性内部化的制度，让政府和企业在市场机制中充分发挥作用，使生态环境得到补偿。

与一般性技术创新体系相比，市场导向下绿色技术创新体系中的公众对生态环境更为重视，具体而言，公众对生态环境社会需求的新要求主要体现在以下三个方面：

第一，生态环境需求对企业的环保提出了新要求。企业是市场经济的主体，其生产方式对环境的影响最直接，影响程度也最大。2015年1月1日实施的《中华人民共和国环境保护法》规定了企业必须履行的义务，包括应当清洁生产、防止污染和危害、缴纳排污费、不得违法排污等义务。短期来看，使用绿色技术有可能会加重企业的生产成本，但是长期来看会促进企业运用绿色技术进行转型升级。因此，公众的生态环境需求要求企业必须树立绿色发展理念，遵循节约资源和保护环境的基本方针，在生态保护中担当主体责任，建设资源节约型、环境友好型企业。

第二，生态环境需求对政府发展绿色技术提出了新要求。由于绿色技术具有外部性，因此需要政府建立公共服务体系，培育和发展绿色技术，重点发展减少污染、降低消耗和改善生态的技术，满足生态环境的需求。政府可以通过提供关键共性技术和平台支持，在税收和资金支持方面进行倾斜，在环境税和碳排放税方面进行制度创新，同时成立基金支持绿色技术产业的发展。

第三，生态环境需求对公众的消费理念提出了新要求。随着社会发展，人们的思想水平也在不断进步，对依靠追求消费数量的传统消费模式产生怀疑。传统消费模式本质上是属于资源耗费型的消费模式，由于忽视资源节约循环和再生利用，极大地危害了自然环境与社会环境，被认为是破坏生态平衡的、非持续的消费。而绿色消费理念则完全相反，绿色消费把人和自然摆在平衡协调的地位，以人与自然"和睦相处"为伦理基础，注重生态平衡、环境保护、资源不断与有序开发，以期实现可持续消费，达到可持续发展。

（二）第二层供需关系：绿色技术的市场需求和市场供给之间存在矛盾

由于绿色技术存在外部性，技术无法得到有效保护，难以形成专有技术或技术群，因此较少有企业主动去投入研发，更遑论推广，因此绿色技术市场呈现出供需双不足的情况，导致了技术的市场需求和市场供给存在矛盾。因此，政府需要加大对企业研发的激励，弥补市场失灵，让市场提供更多的绿色技术供给，具体有以下几点：

第一，绿色技术的短期经济效益不明显导致市场需求不足。从技术需求角度来看，由于绿色技术创新短期并不能够为企业带来可观的经济效益，因此会给企业带来较大的盈利压力，导致绿色技术的市场需求不足。需要政府通过环境规制、政府采购、研发支持等方式增加绿色技术的需求，同时也要充分发挥市场的作用，培育更多的绿色技术创新企业。具体来看，可以从以下三个方面增加市场需求：一是鼓励更多的企业参与绿色技术和绿色产品的研发和生产；二是培育更多的绿色技术创新企业参与绿色技术的研发；三是积极构建绿色产业链，促进各个环节的绿色发展，达到短期利益和长期发展的统一，实现产业的可持续发展。

第二，绿色技术研发的外部性导致绿色技术的市场供给不足。从绿色技术创新的动力来看，由于绿色技术创新投入回报期长，且存在溢出效应容易被竞争对手模仿，因此企业对绿色技术的研发和投入兴致并不高，这直接导致绿色技术的研发动力不足，从而造成绿色技术的市场供给不足的局面。因此，需要政府加大研发支持力度，特别是要对关键共性技术进行研发支持，打造一批国家绿色创新基地，从根本上解决研发动力不足的问题。

第三，绿色技术研发效益预测难度大导致金融支持不足。由于绿色技术具有周期长、投资大、收益不明显的特点，导致传统金融机构并不愿意通过融资、入股等方式对其提供资金。因此需要发挥政府的引导作用，设立绿色投资引导基金，并将绿色引导基金纳入公共财政体系，并出台相应的政策文件加以规范和考核，促进绿色技术研发支持和绿色产业的培育与发展。

第四，绿色技术服务体系不健全导致绿色技术的推广不足。由于企业使用绿色技术不能带来有效的经济效益，造成了绿色技术推广动力不足。基于这样的原因，政府需要建立完善的服务体系，促进绿色技术的市场交易。对于绿色技术创新体系而言，一是需要政府提供绿色信息服务平台，实现绿色技术供给和需求的对接；二是建立绿色技术交易平台，对接绿色技术的市场需求，实现绿色技术的交易转化；三是重视绿色知识产权的保护，使更多的企业从绿色技术的研发中获益。

（三）第三层供需关系：绿色技术的创新需求和科研供给不一致

就技术创新本身来说，基础科学研究发现与突破是技术创新的起点，这就要求以技术生产为主的企业与知识研究人才培养的高校和科研机构进行密切合作。通过产学研合作，可以有效促进技术创新发展。现阶段来看，我国绿色技术创新遭遇堵点，很大原因在于科研供给和创新需求之间的链条没有打通，企业与高校、科研机构没有形成联合开发、优势互补、成果共享、风险共担的局面，二者配合得并不是很好，存在匹配错位，供需不一致的情况，具体表现为以下几点：

第一，科研和创新的目标不一致。传统的科研追求科学或研究目标的实现，不重视科研成果的市场化应用，而绿色技术创新不仅需要绿色技术的突破，而且更加重视绿色技术创新的应用，要求相关绿色技术研发产品化、产业化融为一体。

第二，科研和创新的激励机制不一致。现阶段，高校和科研机构一般把发表论文当作考核要求，科研成果主要以论文的发表为标志，对于技术带来的经济效益一般不作为考核的目标，而绿色技术创新不仅要看重经济效益，还要看重社会效益和生态效益的实现，因此高校和科研机构的激励机制需要有所改革，以务实为出发点，重视创新对经济社会生态效益的积极影响，建立一套科学有效的激励机制。

第三，科研和创新的体制机制不一致。科研机构的体制设计是以论文发表为导向的体制设计，标志是论文发表，而绿色技术创新是以绿色技术的发明和创造为导向的体制设计，把知识产权作为最重要的成果，标志是专利的发明。科研机构的体制设计导致了科研成果的转化率不高，部分科研成果只能停留在实验室阶段，不能满足市场需求，难以转化为现实的生产力。

四、绿色技术创新主体分析

一般而言，绿色技术创新并不如一般性技术创新那样具有短期盈利、难以模仿的技术特征，因此并不被重视，但是绿色技术创新体系有着自己的特点，作为制度创新主体的政府以及服务导向的科技中介机构发挥着更重要的激励作用，这是一般性创新体系所没有的特征，本节从五大绿色技术创新主体入手，介绍各种创新主体的定位与作用，并提出建议。

关于绿色技术创新体系构成要素的研究主要聚焦于两大类，一类是基于创新主体的构成要素分析，这也是目前最为主流的研究主线，另一类是基于体制机制的构成要素分析。

一方面，从创新主体来看，绿色技术创新体系的构成要素不仅包括政府、企业、高校和科研机构、科技中介机构等传统创新主体，还包括社会公众等创新主体。一些研究在论述绿色技术创新体系的创新主体时，仅仅考虑了传统创新主体及其角色定位，没有将社会公众纳入考察范畴。王建华（2010）基于三重螺旋模型，认为绿色技术创新是企业、政府、大学和科研机构等多元行为主体共同参与的系统过程，其中企业是绿色技术创新的直接实施者，政府是绿色技术创新良好制度环境的供给者，大学和科研机构是绿色技术创新的知识源和人才源，产学互动合作持续推动着绿色技术创新[14]。杨博和赵建军（2016）认为绿色技术创新体系的主体包括企业、政府、高校和科研院所、技术中介和金融机构等。其中，企业是绿色技术创新的主体；政府是整个绿色技术创新体系网络的协调者，主要职责在于完善法律法规保障创新效率的实施并引导正确的创新方向；高校和科研院所是科学知识的生产者，是绿色技术创新的开始者和实施人；技术中介是绿色技术的扩散者；金融机构为绿色技术创新体系提供金融枢纽[12]。严金强和杨小勇（2018）认为绿色技术创新体系由四大主体性要素构成，四大主体性要素分别为企业、科研院所、政府和金融机构，其中企业是绿色技术创新和应用的主体，科研院所是创新知识的生产者、创新人才的培育者和创新技术的开拓者，政府是创新理念的传播者、创新政策的制定者和创新网络的协调者，金融机构是创新资金的提供者[13]。

随着认识的深入和实践的发展，一些研究将社会公众纳入绿色技术创新主体范畴，认为社会公众是绿色技术创新过程的重要参与者，是绿色技术创新体系的重要创新主体。钟晖和王建锋（2000）认为政府、企业、科研机构和社会公众是绿色技术创新的引导者和支持者[15]。李平（2005）指出由于企业绿色技术创新行为存在外部经济性问题，故企业不应该是绿色技术创新的唯一主体，同时认为绿色技术创新是一个社会相关群体共同参与的社会过程，应将政府、科研院所、公众等相关社会群体纳入绿色技术创新主体系统，并强调其与企业的共同作用[16]。聂爱云和何小钢（2012）认为在我国绿色技术创新体系的构建过程中，应当厘清政府、市场、公众的角色定位，充分发挥三者在绿色技术创新引导中的不同功能，尤其是要重视公众参与的重要性[17]。曹霞和张路蓬（2015）认为政府、公众和企业在绿色技术创新过程中应当准确定位，其中政府要注重环境监管力度，选择合理的环境规制手段助推绿色技术创新；公众应从自身做起，杜绝非环保产品；企业应将环保作为己任，加大对环保类产品的研发力度，在节能降耗和保护环境方面做出贡献[18]。

另一方面，从体制机制来看，研究认为高效运转的绿色技术创新体系不仅仅需要创新主体的准确定位及其相互关联作用，更离不开体制机制的保驾护航。陈劲（1999）较早构建了国家绿色技术创新体系（如图2-2所示），该体系的组成要素包括动力因素和外部支撑因素两大类，其运行绩效主要取决于教育、财政、研发和政府四个子体系的协调状况。其中，教育体系主要指的是环保教育；财政体系主要解决绿色技术创新和扩散资金的问题；研发体系主要指的是高等院校和科研院所的合作；政府主要是制定一系列环保法规和有利于绿色技术创新和扩散的政策法规，从而促使教育、财政和研发体系朝着有利于绿色技术创新和扩散的方向发展[19]。雷刚和赵歆（2012）认为绿色技术创新体系包括绿色技术创新、绿色经济创新、绿色产品创新、绿色就业创新四个方面的内容[20]。张伟和李虎林（2013）认为在推行绿色技术创新战略时，要建立健全绿色技术创新的政策支持体系、中介服务体系和人才支撑体系[21]。张江雪等（2018）认为由于绿色技术创新外部性会导致市场失灵，必须构建绿色技术创新制度体系，具体包括绿色专利、战略规划和法律法规、财政金融激励、政府绿色采购、公众绿色消费参与等五个制度[22]。严金强和杨小勇（2018）认为绿色技术创新体系包括三大机制，分别是外部激励机制、内部动力机制和能力培育机制，其中外部激励机制是以政府为主体的、以激励和保障企业开展绿色技术创新为目的的体制机制，内部动力机制是以企业为主体的、以推动形成企业绿色技术创新的可持续性为目的的机制，能力培育机制是借助利益相关主体、促进企业绿色技术创新能力提升的体制机制[13]。

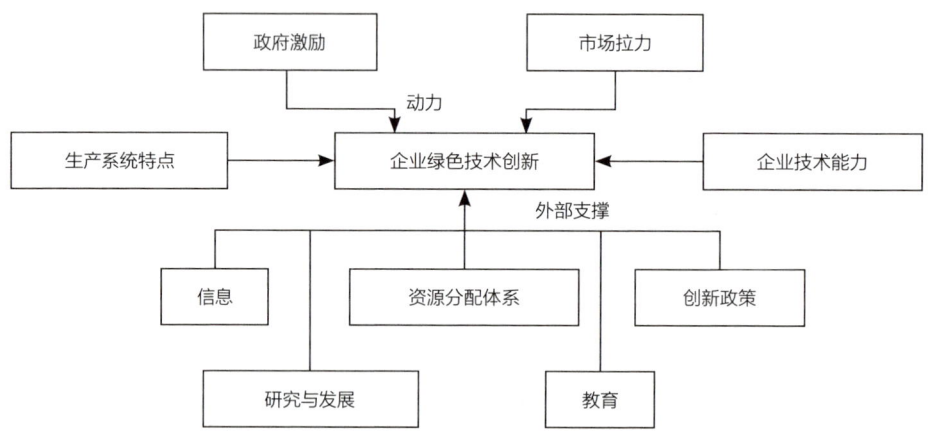

图 2-2　陈劲（1999）构建的国家绿色技术创新体系①

综上可见，绿色技术创新体系构成要素不仅包括政府、企业、高校和科研机构、科技中介机构、社会公众等创新主体，还包括一系列促进体系（系统）高效运转的体制机制。

借助已有绿色技术创新经验的同时结合市场导向的特点，新时代背景下，绿色技术创新体系高质量发展对创新主体提出新的要求。

---

① 资料来源：陈劲《国家绿色技术创新系统的构建与分析》。

（一）政府：主导作用

从宏观角度来看，绿色技术创新体系作为新兴创新体系，其在我国的发展环境与传统创新活动有着巨大差别，由于有悖于传统经济活动双重外部性与非公共性的特点，目前绿色技术创新并不能给企业带来类比传统技术创新规模的经济效益，因此如果没有政府引导，绿色技术创新是很难发展的。此外，由于绿色技术创新在我国起步较晚，与创新相关的绿色专利保护制度还不够成熟，国家绿色技术创新战略还不够完善，绿色创新监管与激励还在不断摸索，政府作为绿色技术创新体系中制度创新主体，需要从宏观层面对绿色技术创新进行科学支持、市场支持以及制度支持，加强绿色技术原始创新投入，更好地发挥政府作用，改善绿色技术创新市场失灵。

首先，政府要重视绿色技术在未来经济社会发展中的引领作用，建立绿色技术国家实验室，搭建国家绿色技术研发平台；要搭建绿色技术创新公共服务平台，积极推进绿色科技资源开放共享；要利用国家重大科技基础设施和政府号召优势，实现人员深入交流和资源开放共享，同时要加大对国家实验室投资力度，与科研机构分工合作建设综合性国家科学中心，充分发挥国家科技重点专项作用，在国家的科研规划、科技项目中重点突出绿色技术的研发，尤其是加强节能减排、新能源、资源节约、生态环境保护等领域关键技术和共性技术的研发，全面提升绿色技术的基础研究能力。

其次，要完善政府绿色激励与绿色采购制度，发挥政府在宏观经济市场中的调控作用以及在绿色消费中的引领示范作用。通过补贴减税等宏观经济手段激励社会对绿色技术消费，建立健全政府采购制度，对绿色技术采购进行明确规定，制定绿色采购清单，从国家层面助力绿色技术创新发展，推动绿色技术创新体系中技术研发与成果转化。此外，为保证绿色技术创新市场稳定和谐，政府在灵活刺激消费与政府采购的基础上还需要加强绿色技术创新市场监管。

最后，建立健全绿色技术创新体系相关政策与法律法规，政府作为制度创新主体，是政策的主要制定者与执行者，因此政府要积极推动绿色金融政策体系建设，对绿色技术创新活动进行一系列包括财税政策、货币政策、信贷政策、价格政策、贸易政策和产业政策等宏观经济政策在内的政策扶持与补助，在对绿色金融业务激励的同时，不忘对其进行制度约束，从而建立规范化的绿色技术政策环境。

（二）企业：绿色技术创新主体

从企业角度来看，技术创新是企业根据其内部主观条件和外部客观环境，以企业技术战略为核心，从自身技术基础出发，通过评价各种可能得到的技术资源对企业未来效益产生的影响，确定企业技术选择问题的决策过程。虽然目前我国绿色技术创新更偏向于持续性创新，但是根据克里斯坦森等人的研究，颠覆性创新更具有市场价值以及环境价值，因此未来绿色技术创新更偏向于颠覆性创新。

绿色技术创新对于企业发展战略的意义主要表现在两个方面：一方面，它具备传统创新的部分特征，知识按照企业特有的技术路径可以转化为企业核心竞争力。根据林毅夫技术选择假说，企业资源禀赋有限，通过合理的资源配置重点培育企业核心技术、核心技术能力，形成核心技术产品，提高企业市场竞争优势。另一方面，绿色技术创新能够打破企业负外部性的局面，可以带来生态环境效益与社会效益，受到政府和社会公众的支持。

由于市场机制的存在，企业时时刻刻都在面临着激烈的竞争，因此企业核心竞争力显得尤为重要，而作为企业核心竞争力的重中之重，企业技术创新能力关系到企业一项或数项核心技术的创造，以及由这些核心技术之间组合形成的一种或数种企业核心产品，这些核心技术与核心产品是企业在市场中取得超额利润的主要原因。但绿色技术创新具有溢出效应，容易被模仿，因此绿色技术创新市场主体普遍较弱，同时绿色技术创新短期收益低且需要高昂的技术应用与生产改造成本，对以营利为目的的企业来说没有吸引力，导致企业普遍缺乏绿色技术研发与推广应用积极性，造成引领性绿色技术创新龙头企业缺乏的局面。因此作为绿色技术创新主体，企业应该有所改变，有所作为。

首先，企业要转变经营理念，培养社会责任感。企业要充分认识到绿色技术的重要性，认识到绿色技术创新是国家战略发展方针，是促进社会生态发展有力手段。从整体上看，企业绿色技术创新有助于整个行业技术水平提升，进而激励所有企业进行绿色技术创新，增强企业的创新能力，因此作为市场经济的重要参与者，企业需要在盈利的基础上对绿色技术创新进行积极探索，增加绿色技术创新人员投入与资金投入，创新管理机制与团队组织，组建一批创新水平高、社会责任心强的科研团队，完善企业技术创新机制，构建新型绿色技术创新产业链。

其次，企业要建立绿色创新人才激励机制，打造一批绿色技术产学研合作和成果孵化基地。与绿色技术创新上游高校和科研机构等知识创新主体建立人才培养技术孵化等一系列合作关系，与下游各类科技中介机构、社会公众建立紧密的经济联系，把握好自身定位，统筹兼顾绿色技术研发过程中所有参与者，重视与高校和科研机构、科技中介机构之间的合作交流，形成创新体系。绿色创新头部企业要发挥带头示范作用，一方面通过溢出效应推进整个行业绿色技术进步，另一方面积极促进产学研多主体共同参与，形成绿色技术创新联合体。

最后，企业要重视绿色技术创新投入，目前绿色技术创新之所以不被企业重视，核心竞争力弱是一个重要原因，当下绿色技术创新具有溢出效应更多的是由于绿色创新停留在原始设备改进与控制污染物排放等层次，一旦形成不可模仿的绿色技术和技术群，企业便可以兼顾经济效益与社会效益，获得更大效益。

（三）高校和科研机构：绿色知识创新主体

从高校和科研机构视角来看，技术创新是以科学突破为基础，对基础理论知识进行开发的过程。随着社会环境和时代的变化，高校和科研机构在科技成果的产出方面扮演着越来越重要的角色，高校和科研机构的技术创新逐渐成为国家技术创新的重要组成部分。国外高校十分重视高校绿色技术创新活动，在美国，高校的基础研究被视为美国绿色技术创新的源泉，是其绿色技术创新体系领先地位的基础，而且类似新能源汽车、绿色食品、智能家电等高科技的发展也依赖于基础研究。

首先，高校与科研机构要转变观念，深化绿色技术创新体制改革。随着高等教育的不断发展，绿色技术研究越来越具有领域化、专业化的特点，面面俱到的传统教育观念在一定程度上不再适应专业化、细分化的高校学科发展，类似绿色食品制造、人工智能开发以及绿色工业化等高校对绿色技术创新的探索很可能颠覆原有的社会行业，带来巨大的社会效益与生态效益。因此，高等院校和科研机构要发挥与时俱进的先进性，作为技术创新的先锋队，要根据社会发展的需求积极变革教学理念、教学方法和创新管理体制，引导技术创新的方向。充分认识到绿色技术创新对经济发展和生态环境建设的重要推动作用，要根据经济发展的规律和国家建设的要求，利用自身人才众多、具有较好的科研条件和科研环境的优势，积极走在绿色技术创新的最前列。

其次，要加强技术创新人才队伍建设，高校和科研机构应该积极创建一批绿色技术知识创新和人才培养基地，要把绿色技术的研究作为重点领域，成为绿色技术的重要基础研究来源；要加快绿色技术人才培养，积极推动绿色技术创新成果转移转化和商业化应用；要根据比较优势和重点领域，选择若干重点高校和科研机构，打造一批绿色技术知识创新和人才培养基地。高校与科研机构要建立健全激励机制，不断进行创新体制改革。根据国家和社会发展的要求，大力培养复合型人才，建立公平合理的激励措施，积极发挥大学生群体在自主创新方面的积极性和创造性，为国家和企业的绿色技术创新提供源源不断的智力支持。

再次，要根据自身特点有比较地进行绿色技术创新研究。由于我国高校与科研院所遍布全国，其自身的资源条件有所差异，再加上我国各个高校性质不同，侧重点也不一样，因此高校需要根据自身学科特点，发挥比较优势有目的性地进行绿色技术创新战略，例如农林类高校可以发挥绿色食品技术创新特色，理工类高校可以发挥机械硬件等学科特色，总而言之，通过中长期的规划，高校与科研机构围绕特色学科不断进行延续性创新，形成特色学科的科研成果。

最后，加强产学研合作，企业、高校和科研机构是绿色技术创新体系的重要参与者和推动者，强化企业与科研机构的交流合作，不仅可以促进科技成果的转移转化，而且还能增强企业发展的活力和动力，使科研机构的科技研究更加符合实践需求。在西方发达国家，企业和研究院所建立了完善的合作机制，极大地促进了社会经济的发展和科技进步。我国企业可以与高校和研究院所合作建立实习基地、研究中心和绿色技术研发中心。合作可以使二者资源整合、优势互补，一方面加快学校的科研成果积累，另一方面科技成果转化为现实生产力，为企业带来直接经济利益与社会效益，二者还能够积累技术经验、增强自身创新能力。企业与高校合作共赢，开展多种形式的合作，互相开放研究机构与技术中心，可以实现优势互补，共同发展。

（四）科技中介机构：绿色技术创新服务主体

科技中介机构在绿色技术创新体系中发挥着桥梁纽带的作用，科技中介机构可以渗透到各个绿色创新主体环境机制中，对创新主体提供信息交流、政策解读、资金支持以及教育激励等服务，从而对整个绿色技术创新体系起到服务支撑作用。科研院所在知识创新、技术突破领域具有很大的优势，但是缺乏对整体市场的把握能力与社会信息的收集能力；企业擅长市场经营与产品销售，但技术创新能力略有欠缺，因此要想二者密切联系，从而创造出社会生产力，科技中介机构的对接作用必不可少。于是作为创新服务主体，为了完成技术转移，科技中介机构需要具备一定的科研能力来准确评估科研院所研发的技术水平，同时还要有强大的市场对接能力，及时掌握企业的需求。

首先，科技中介机构可以为政府政策落实保障。一方面科技中介机构中的科技评估中心、科技招投标机构可以有效把握政府政策导向，推动技术发展方向同国家发展相吻合，确保绿色技术创新政策有效落实执行，另一方面可以为社会进行政策解读，有利于企业高校等创新主体更好响应政策，从流程来看，科技中介机构还是环保科普和绿色教育的主力军，发挥着倡导生态文明，培养大众绿色意识的重要作用。

其次，科技中介机构可以提供绿色技术创新信息，目前我国存在产学研结合度不高的情况，科技中介机构不仅限于为技术成果提供展示平台，同时对技术应用、技术前景方面有较好把握，可以有效帮助技术需求方进行投资融资，科技中介机构在促进企业高校资金合作的同时，可以了解到二者绿色技术创新相关信息，使二者能够有效沟通互补，促进绿色技术创新体系发展，如行业协会、科技中介机构等社会团体在促进政产学研结合方面起到桥梁纽带和催化剂作用。

最后，科技中介机构可以发挥保护监督作用，由于科技中介机构自身具有营利性，因此对于破坏绿色技术创新体系的行为具有排斥性，科技中介机构还可以起到监督作用，保证投资绿色技术创新的国家专项资金、补助金等有效落实，保证技术创新主体平稳发展。

（五）社会公众：绿色技术创新参与者

社会公众是市场消费主体，企业依赖公众消费其绿色技术创新产品来长久发展，就目前来看，我国绿色经济已经有了一定的发展，但是对绿色技术创新产品的宣传力度不够，社会公众仍然存在高碳生活方式，资源浪费也经常发生，同时我国绿色消费方面的法律法规也不完善，社会公众的绿色行为更多地依靠道德宣传，以上种种原因都约束了社会公众绿色消费需求的提升。

首先，社会公众要立足于我国绿色发展现状，提高绿色发展意识。绿色发展是全社会共同的事业，关乎每一个社会公民的生活环境。因此社会公众要积极参与绿色发展，将绿色发展理念内化于心，外化于行，共同构建人与自然生命共同体，为推进生态文明建设、实现绿色发展、建设美丽中国贡献力量。

其次，社会公众要提高绿色消费意识，拒绝高碳生活方式，拒绝污染浪费。由于社会公众的消费需求对企业的生产具有一定的引导作用，因此社会公众在实践中要践行绿色发展的理念，积极参与绿色相关知识的宣传和推广。倡导绿色出行，增加使用公共交通或绿色技术产品的频率，主动购买低碳环保、清洁健康的绿色产品或服务，减少购买或拒绝购买高污染、高消耗的产品，加强对绿色发展相关知识和产品的了解，防止盲目消费和过度消费。此外还要充分发挥社会组织、消费者协会和公共服务平台的监督和引导作用，增强相关绿色产品的信息披露水平，向消费者提供有关产品的信息咨询服务，降低企业与消费者之间的信息不对称程度，并有效及时解决有关绿色消费的投诉，依法维护消费者的安全保障权和求教获知权等权益。

最后，社会公众要积极参与绿色监督，在环境监督上发挥重要作用。对于一些企业的事涉环保的违法违规行为，要积极举报。不仅要监督企业的生产过程以及对违法违规行为整改的情况，也要监督政府和行政部门相关法律法规的执行与落实情况，对在执行和落实法律和政策程序中存在的问题要及时发现和提出。积极参与法律法规的制定，根据实际情况提出意见和对策，为建立健全绿色发展相关的法律法规的制定和推广贡献一份力量。

五、绿色技术创新环境分析

与一般性技术创新不同，因为绿色技术创新的"双重外部性"很容易造成市场失灵等问题，所以有必要形成支撑绿色技术创新的环境体系。本节主要从制度环境、文化环境和人才环境三个方面进行分析。

（一）制度环境

由于绿色技术具有很强的负外部性，加之我国创新经济激励的缺乏和不完善，导致绿色技术创新体系会同时面临市场失灵、系统失灵、政府失灵等多重问题。这一特点使得绿色技术创新的发展更加依赖政府的作用，更加依赖相关制度的完善。

1. 财政税收激励制度

由于科技创新从投入到产出具有很长的周期性以及带有很大的不确定性，并且需要进行大量的专业基础设施建设和占用一部分资金成本，导致企业缺乏足够动力和积极性开展绿色技术创新活动以及相关产品的开发与生产。这就要求政府建立完善的财政税收激励制度来激发企业绿色技术创新动力。政府可以通过税收与补贴等手段使外部性"内部化"，构建外部性内部化的制度，使生态环境得到补偿，让政府和企业在市场机制中充分发挥作用。通过加大财政投入，引导环保行业技术设施建设、绿色技术研发和产业化，增加企业绿色技术创新动力，以应对气候变化、大气污染等环境问题，推动可持续发展。

虽然我国对绿色技术创新的财政支出每年都在增加，且与之前相比，具有很大进步，但是财政支持力度与西方发达国家相比仍然具有一定程度的差距。如在20世纪70年代，德国、日本和美国的环保支出就已经占到了国内生产总值的2%左右，但是我国的相同支出在2021年才达到0.48%的比重，从数据中就可以看出我国财政支出额具有很大的缺口，而且相关的财政政策和税收政策之间没有建立必要的联系和协调，缺乏必要的连贯性和一致性。

因此，我国政府可以根据自身发展的实际情况同时借鉴西方发达国家的财政和税收政策，加大对绿色技术和产品的支持力度，特别是对一些周期长和风险高的技术，政府要做好完善的帮扶和支持机制，打消企业的顾虑。一是增强对绿色技术项目、清洁技术和环保产品的资金支持，如环境保护补贴、研发补贴、人才补贴等，并加大对企业节能改造、技术升级或人才储备的支持力度，政府也可以通过政企共建的方式分摊一部分风险，积极引导企业主动进行技术的升级换代和调整企业的产品结构，通过财政支持促使企业生产和研发更多的环保产品和服务；二是设立专项绿色发展基金，重点支持绿色产品、氢能、生物能源等绿色技术的研发，同时建立健全相应的监督机制，确保专款专用，为企业的绿色技术创新保驾护航；三是制定和完善税收优惠政策，对于开展和从事绿色技术创新的企业给予税收折扣、税额抵免或者是免于征税的激励措施，实施出口退税，降低企业的运营成本，加大对绿色高新技术企业的帮扶力度，协助增强我国绿色技术创新企业的活力和竞争力。

2. 绿色金融政策

长期以来，绿色技术创新由于投资期限长、直接经济效益不明显、风险高等特点导致传统金融无法给予有效支持，而绿色金融通过弥补传统金融的不足，能够很好地促进企业绿色技术创新。

从技术供给的视角来看，由于绿色技术创新活动本身具有高投入、高风险的特点，导致以利润为导向的企业缺乏足够动力去开展绿色技术创新活动，最终造成绿色技术供给不足。而绿色金融通过直接对节能环保等类型项目提供金融支持，激发企业绿色技术创新动力，增加绿色技术供给，提高绿色技术创新。具体作用包括两方面：一方面为企业提供充足的研发投入，保障技术创新活动的大量开展。另一方面借助金融市场帮助企业分散技术创新过程中可能面临的风险。

从技术需求的视角来看，由于绿色技术通常不产生经济效益，而且有时还会造成运营成本的大幅增加，从而使得绿色技术的市场需求不足。而绿色金融通过对能耗小、污染低的行业提供支持，减少污染型企业的金融服务，从而影响企业对绿色技术的应用力度，刺激企业对绿色技术的需求，进一步从需求侧激励绿色技术创新。

此外，在不同的金融结构下，绿色金融体系对绿色技术创新效率促进作用存在差别。在处理一些确定性金融业务方面，比如搜集信息、刺激办理个人储蓄等，银行系统相比金融市场来说更具优势，存在规模经济，从而能够降低企业融资费用，提升效率，更好地为技术创新活动服务。然而对于不确定性大、风险高的技术创新活动，银行是低效率的。相比以银行为主导的金融结构，市场主导的金融结构在支持不确定性高的技术创新方面具有优势。1992年，圣保罗（Saint Paul）得出结论：市场主导型金融结构更能够分散风险，满足技术创新高风险的需求[23]。

然而，对金融机构来说，由于绿色项目普遍具有期限长、回报率低的特点，商业价值一般不高，而开展相关环境评估工作，必将伴随投入成本的提高，并且金融机构开展绿色金融业务收益小、成本高、风险大，内生动力不足，所以与传统金融相比，绿色金融的实施更需要由政府政策做推动。

因此，有必要加快构建绿色金融支持体系步伐，完善金融支持政策。

一是改革现代金融体系，推动传统金融机构与数字金融融合，加强数字金融对企业绿色技术创新的支持。提高商业银行的线上线下客户获取能力和业务发展能力，提高贷款业务的标准化和批量化流程，降低运营成本，充分利用数字技术筛选高效企业，优化企业研发资金来源结构。二是建立健全风险投资体系和市场服务体系，重点支持制造业和民营企业的早期创新融资活动，如政府主导的股权投资（众筹基金、天使投资），缓解创新企业融资中的信息不对称，激发其绿色技术创新活动。三是要深化金融供给侧结构性改革，开发绿色债券、绿色信贷、绿色保险等多种绿色金融产品和工具，支持绿色技术创新。

3. 知识产权保护制度

知识产权是在一定时间内赋予一个人对其创作的技术或产品享有的专有权。知识产权往往是企业在发展中主要的无形资产，在生产要素中是独一无二的。知识产权保护可以保护一个企业在与外部主体的互动过程中免受不希望的溢出，可以有效规避因为解决侵权问题而提起诉讼的潜在高成本，还可以通过著作权、专利权和商标权等保护措施遏制对创意作品的滥用或挪用，可以确保企业的研究和开发努力得到补偿。同时，保护知识产权也是提高出口产品质量的重要组成部分，加强知识产权保护可以减少被抄袭的风险，使企业更好地促进新产品的发明以及现有产品和生产流程的改进，从而提高创新能力，促使专利申请量的增加。随着知识产权保护的加强，跨国公司生产的产品被抄袭的风险也会降低，从而会提高技术创新速度以及外商直接投资的增加。知识产权保护制度的建立和完善有助于保护原始创新企业在研发阶段产生的知识，防止竞争对手利用非法手段占有和利用这些知识。在这一研发阶段，有助于促进企业、供应商、高校和科研机构之间的合作，刺激企业进行相关的研发活动，导致要素积累的改善（研发资本和物质资本等要素投入），进而提高产出增长率和创新绩效。加强知识产权保护，有利于高新技术企业披露更多的研发项目信息，有利于投资者了解企业的研发项目，减少信息不对称，但是如果知识产权保护薄弱，对企业新产品的保护力度不足，企业的无形资产会受到冲击，这种对研发后投入的负面反弹会反馈到研发阶段，降低研发回报。我国部分学者通过实证研究论证了知识产权保护对企业技术创新的积极作用。如吴超鹏等（2016）认为，知识产权保护可以降低企业研发投资及创新投入的巨大成本和风险，通过赋予创新者对创新成果的专有权确保企业的预期收益，从而激励企业创新[24]。与此同时，张伟等（2013）认为在国内知识产权保护不力的情况下，企业更愿意模仿新技术或购买国外技术，缺少自主创新的意愿和动力[21]。虽然近年来我国相关的知识产权立法有了很大的进步，但知识产权保护的执行力度仍然薄弱，且不同地区之间的差异较大。

因此，要进一步完善知识产权尤其是专利权保护制度，确定合理的专利保护宽度，探索最优专利保护制度。利用好知识产权保护制度，强化绿色技术研发、示范、推广、应用、产业化各环节的知识产权保护，发挥其对创新的积极效应，保障创新者获得预期收入，降低技术创新风险，激励企业创新。一方面，《中华人民共和国专利法》应增设一项促进绿色技术创新的通用条款，并在"三性"（新颖性、实用性和创造性）的基础上，加入"绿色性"的审查标准。同时，应进一步细化审查标准，明确其适用的领域与范围，并建立相应的分类目录。另一方面，要加强绿色专利的信息共享，防止企业或个人发生绿色技术重复研发情况。此外，建立知识产权审查、知识产权确权、知识产权维权的一体化服务。探索建立绿色科技知识产权的"绿色快车道"，缩短获批时间，加快科技创新进程。

4. 绿色技术标准

在致第39届国际标准化组织（ISO）大会的贺信中，习近平总书记重点指出："中国将积极实施标准化战略，以标准助力创新发展、协调发展、绿色发展、开放发展、共享发展。"技术标准的出现加快了新技术的扩散，为技术创新和技术交流提供了重要平台，有助于开拓新市场与新技术，降低交易费用，优化社会资源配置，推动我国经济在资源节约和环境保护的双重约束下进行绿色技术创新。

绿色技术标准能够引领企业开展绿色技术创新活动，为企业的绿色技术创新活动提供方向和目标，提高企业绿色技术创新活动的有效性、适用性和核心竞争力。因此，必须贯彻落实绿色技术标准的制定、实施和监督，不断完善绿色技术标准体系和绿色技术创新体系，行之有效地推进我国的标准化工作进程，重视绿色技术标准质量和数量的协同发展。如紧密关注国际绿色标准的发展趋势，加大国际绿色标准的采用力度，提高国家绿色标准制定效率。

我国学者郭滕达等（2019）指出，目前，中国对于绿色的定义与发达国家相比更为宽泛，绿色标准没有具体到技术层面，仅仅通过产业来定义绿色，会产生投资者或企业向某一行业大规模集中而不考虑采纳的技术是否绿色的情况，最终导致重复建设、资金回报率不高等问题，难以推动现有绿色技术创新升级[25]。而在国家发展改革委和科技部联合发布的《关于构建市场导向的绿色技术创新体系的指导意见》（以下简称《指导意见》）中明确指出了制定绿色技术创新标准的任务和具体做法，各级政府和行政机构可以根据当地的实际情况参考《指导意见》进行细化，制定出更具体和详细的标准，并且定期对标准的执行和实施情况进行评估和监督。这样做可以倒逼企业调整产品结构和进行技术的升级换代，促使企业使用更加节能和环保的技术。

5. 绿色技术服务体系

绿色技术具有较强的外部性，往往不能给企业带来经济效益，导致绿色技术推广动力不足。因此，需要政府建立完善的服务体系，充分利用大数据、互联网等现代化信息技术，搭建绿色技术创新服务平台，构建社会化的技术创新服务体系，引导技术服务机构专业化、规模化、规范化发展，促进创新信息有效传递，整合创新资源，促进科技信息交流与共享，推动各创新主体开展多种形式的合作及协调创新，促进绿色技术的市场交易。具体来说，一方面，以绿色技术银行为基础，强化绿色技术创新公共服务平台建设，实现绿色技术供给和需求的对接，促进信息有效传递，提升服务质量。另一方面，要完善绿色交易平台，保障交易的透明性，加强交易秩序的制定与规范。也要充分发挥绿色技术交易中介服务机构的作用，不断提升交易中介的专业水平，更好地为绿色技术交易服务，促进交易转化。

6.产学研合作制度

绿色技术创新具有很强的应用导向，它以绿色发展为目标，以降低资源消耗、保护生态环境为出发点，直接服务于具体的产业和领域。它的应用性很强，这就决定了绿色技术创新必须与特定的产业和领域相结合，然而现阶段我国绿色技术的科研供给和创新需求之间的链条没有打通，存在目标不一致、激励机制不一致、体制机制不一致的问题，这些问题最终导致绿色技术创新活动效率低，质量低，市场价值低。

产学研通过连接科研机构和企业从而对接科研供给和创新需求，形成联合开发、优势互补、成果共享、风险共担的产学研协同创新机制，使科研能够更好地支持绿色技术创新。

因此，要努力创建一批绿色技术产学研合作和成果孵化基地，吸引科研机构与企业的聚集，形成集群效应、规模效应。同时要发挥企业在绿色技术协同创新中的主体作用，鼓励各企业建设实验室并与各高校、科研机构合作，促进市场需求和科研供给的对接，实现科技成果转化。

（二）文化环境

除制度环境外，绿色技术创新活动还会受到文化氛围的影响，绿色环保的文化环境能够为企业开展绿色技术创新活动提供源源不断的动力。区域内企业绿色技术创新意识越强，企业开展绿色技术创新活动的动力越强。同样，公众环保观念越普遍，越能激发公众的绿色消费需求，越会推动绿色技术的应用，企业越有动力开展绿色技术创新活动。

1. 企业绿色技术创新意识

无论是传统技术创新体系还是绿色技术创新体系，企业在体系内都应该占据主体地位，企业是创新决策、创新投入、创新活动、创新应用的主体，但是，由于绿色技术公共产品的属性，导致企业实施自主绿色技术创新的动力不足，而且由于占用成本大、风险高和回本周期长的特点，企业的绿色技术创新意识薄弱，动机不强。

为了实现可持续发展，顺应社会发展的要求，企业也要转变发展的观念和思路，从市场需求中找到进行绿色技术创新的出发点。企业在追求经济利益的同时也要履行和承担一定的社会责任，更要对社会做出一些贡献。如增加绿色产品的生产、减少污染物的排放、采用清洁能源等。企业要充分认识到采用或者是进行绿色技术创新不仅有利于产生较好的社会效益和生态效益，由于消费者对绿色产品的需求越来越多，要求也越来越高，绿色技术创新能够增强企业的竞争力，使企业在激烈的市场竞争中脱颖而出进而实现经济效益。因此，在历史的大趋势下以及在国家政策支持和消费者高需求的情况下，企业应充分抓住历史的机遇进行绿色技术创新，这样才能在未来的发展中获得竞争优势。

2. 公众环保观念

与传统技术创新体系的创新主体相比，绿色技术创新体系的创新主体更加多元化，不仅包括政府、企业、高校和科研机构、科技中介机构等，还包括社会公众等创新主体。社会公众是绿色技术的消费者，应该积极培养公众的绿色消费意识，积极引导其参与到绿色发展中来，促进生态环境和社会经济的可持续发展。

随着我国公众受教育程度的普遍提高，消费方式、消费理念和消费行为发生了巨大的变化，在消费时更加注重产品对身体健康和环境的影响，但是，一方面由于部分绿色产品价格高的特点，让大众消费者购买绿色产品的意愿下降，另一方面，由于产业对绿色产品和绿色环保意识的推广与宣传不到位，致使很多消费者对新产品的了解不够深入，买家之间所获的信息严重不对称。这些方面的因素都会限制公众对绿色产品的消费需求。

因此，这就要求政府一方面要充分运用财政补贴（政府和消费者各出一半）和税收减免（消费税减半）政策引导消费者进行绿色消费，逐步培养起消费者绿色消费的习惯。另一方面灵活运用全国节能宣传周、全国低碳日以及各大银行开发的绿色环保小程序，用参与活动的方式引导消费者参与和体验绿色消费，同时也能借此对绿色消费理念和绿色产品进行相应的宣传和推广，进而提升公众的绿色环保意识，强化其绿色消费理念。社会公众也应该充分发挥主人翁作用，积极行动起来，倡导绿色低碳生活方式，敢于向违法排污和浪费资源说"不"，推动形成人人、事事、时时崇尚生态文明和绿色发展的社会新风尚，为推进生态文明建设、实现绿色发展、建设美丽中国贡献力量。

（三）人才环境

所谓"科技创新、以人为本"，是指在科技创新中，人发挥着最重要的作用，这凸显了创新活动中人才的价值。技术创新是以人为核心开展的，绿色技术创新也是如此，培育高素质的绿色技术创新人才，关键是要有良好的环境：要有一个公平的竞争环境，要让真正有创新能力、有生态观念的人才脱颖而出。这就要求在人才的选拔、使用、晋升和资源配置上形成公平、公正的制度。同时，要充分认识和尊重绿色技术创新人才的个体价值，使其才能得到充分的发挥和欣赏，并在绿色技术创新研究得到回报时，能保证个人的贡献不会被忽略。

从政策角度讲，要做好两个方面的工作，一是要增强政策开放度，破除绿色技术人才自由流动壁垒，完善税收、社保等政策优惠体系和相关法律制度，一方面要进一步改善绿色技术创新人才的"硬环境"，包括科研经费的支持和生活设施的完善等；另一方面更要注重"软环境"的舒适，包括学术氛围、文化生态等，构建多元化的人才生态圈。此外，要全力保障工作生活环境，加快建设教育、住房、医疗服务体系，建立可行的荣誉制度，实施"物质+荣誉"双重激励，营造尊重知识、尊重人才、尊重创新的社会氛围。二是要完善绿色技术创新人才分类评价机制，做到与时俱进，建立以用人单位认定为主、专家评审为辅的评价机制，兼顾科技、经济和社会价值，逐步形成以降低消耗、减少污染、改善生态，促进生态文明建设、实现人与自然和谐共生为导向的考核标准。

此外，与一般技术创新相比，绿色技术创新过程存在外部性，其技术属性呈现出复杂性、动态性、融合性、渗透性等特点，因此绿色技术创新人才环境也要适配这些特点。比如，由于绿色技术不是单一技术，而是与其他技术紧密结合，因此在打造绿色技术创新人才环境时，要鼓励人才多元化发展，鼓励交叉学科、复合型背景人才投身绿色技术创新活动中去。再如，绿色技术是一个相对动态的概念。随着技术的进步与发展，绿色技术的内涵和外延也在不断更新与变化。尤其是人们的环保观念不断变化，也会导致衡量绿色的标准不断变化，致使绿色技术也随之而变。同时，由于技术的动态性也造成了技术研发的风险性很大。因此，要在加大补贴力度，帮助绿色技术创新人才分散风险的同时，对绿色技术创新人才进行长期动态的跟踪培养，以让其能够适应不断变化的生态价值观，为其提供一个良好的持续学习和成长环境。

总之，绿色技术创新人才环境既需要传统技术创新所需要的人才环境，还需要适应绿色技术创新自身特点的针对性人才环境政策。

本章参考文献

[1] FREEMAN C. Technology policy and economic performance: lessons from Japan［M］. London: Frances Pinter Publishers, 1987.

[2] LUNDVALL B. National innovation systems: towards a theory of innovation and interactive learning［M］. London: Pinter, 1992.

[3] NELSON R. National innovation systems: a comparative analysis［M］. New York: Oxford University Press, 1993.

[4] PATEL P, PAVIT K. The nature and economic importance of national innovation systems［J］. STI Review, 1994 (14): 9-32.

[5] OECD. National innovation systems［R］. Paris: OECD Publications, 1997.

[6] 路甬祥. 创新与未来：面向知识经济时代的国家创新体系［M］. 北京：科学出版社，1998.

[7] 冯之浚. 国家创新系统研究纲要［M］. 济南：山东教育出版社，2000.

[8] 中华人民共和国国务院. 国家中长期科学和技术发展规划纲要（2006—2020）［R/OL］.(2006-02-07)［2022-06-01］. http://www.gov.cn/gongbao/content/2006/content_240244.htm.

[9] 仲伟俊，梅姝娥，谢园园. 产学研合作技术创新模式分析［J］. 中国软科学，2009 (08): 174-181.

[10] 董炳艳，靳乐山. 中国绿色技术创新研究进展初探［J］. 科技管理研究，2005 (02): 62-64.

[11] 戴鸿轶，柳卸林. 对环境创新研究的一些评论［J］. 科学学研究，2009, 27 (11): 1601-1610.

[12] 杨博，赵建军. 生产方式绿色化的技术创新体系建设［J］. 中国科技论坛，2016 (10): 5-10.

[13] 严金强，杨小勇. 以绿色金融推动构建绿色技术创新体系［J］. 福建论坛（人文社

会科学版），2018 (03)：41-47.

[14] 王建华. 论绿色技术创新中的官产学合作——基于三重螺旋模型的分析 [J]. 科学经济社会，2010, 28 (04)：41-44.

[15] 钟晖，王建锋. 建立绿色技术创新机制 [J]. 生态经济，2000 (03)：41-44.

[16] 李平. 论绿色技术创新主体系统 [J]. 科学学研究，2005 (03)：414-418.

[17] 聂爱云，何小钢. 企业绿色技术创新发凡：环境规制与政策组合 [J]. 改革，2012 (04)：102-108.

[18] 曹霞，张路蓬. 企业绿色技术创新扩散的演化博弈分析 [J]. 中国人口·资源与环境，2015, 25 (07)：68-76.

[19] 陈劲. 国家绿色技术创新系统的构建与分析 [J]. 科学学研究，1999 (03)：37-41.

[20] 雷刚，赵歆. 科技政策中的绿色创新体系研究 [J]. 科技管理研究，2012, 32 (01)：31-34.

[21] 张伟，李虎林. 建设"美丽中国"面临的环境难题与绿色技术创新战略 [J]. 理论学刊，2013 (01)：64-68.

[22] 张江雪，张力小，李丁. 绿色技术创新：制度障碍与政策体系 [J]. 中国行政管理，2018 (02)：153-155.

[23] SAINT-PAUL G. Technological choice, financial markets and economic development [J]. European Economic Review, 1992, 36 (4)：763-781.

[24] 吴超鹏，唐菂. 知识产权保护执法力度、技术创新与企业绩效——来自中国上市公司的证据 [J]. 经济研究，2016, 51 (11)：125-139.

[25] 郭滕达，魏世杰，李希义. 构建市场导向的绿色技术创新体系：问题与建议 [J]. 自然辩证法研究，2019, 35 (07)：46-50.

第三章
市场导向绿色技术创新体系理论分析

一、市场导向与市场机制

本部分围绕市场与政府的作用及其关系对西方市场经济理论进行了梳理，并在此基础上对市场导向和市场机制的概念和内涵进行了全面的分析和阐述。

（一）市场与政府作用及关系的理论变迁

作为配置资源和协调社会活动的两种主要机制，市场和政府的关系一直是市场经济理论研究的核心问题。伴随着西方市场经济的不断发展和变化，理论界始终存在着不同的认识和争论，从秉持自由放任到赞同国家干预，其中观点纷呈、流派林立。从一定意义上讲，政府与市场的作用及关系是市场经济理论研究贯穿始终的逻辑主线，市场经济理论史就是一部市场与政府关系争论史。

在17、18世纪，虽然经济工业化进程迅速推进，但在重商主义影响下的政府对经济施加了过多的干预和限制，原来反映商业资本要求的政策主张严重束缚了资本主义市场经济的发展。在这一背景下，亚当·斯密提出实行自由放任的市场经济，认为市场这只"无形的手"能够通过自发调节实现资源的有效配置，政府不应当对经济活动进行任何干涉，只需充当好"守夜人"的角色，为市场稳定运行提供法律和秩序保障。亚当·斯密的市场自发调节理论得到了李嘉图、萨伊等古典经济学家的继承和发展，他们均在不同程度上强调经济自由、反对政府干预。此后，马歇尔进一步提出了均衡价格理论，并通过对亚当·斯密、萨伊等人的观点加以综合完善，最终形成了坚持经济自由主义的新古典经济学说，并成为当时经济学界的主流学派。20世纪30年代以前，市场自发调节论一直是西方经济学的主旋律。

　　随着资本主义继续发展，市场机制的固有矛盾开始显现，市场自发论对现实经济的解释能力显得越来越弱。如果说垄断的出现动摇了市场自发论的理论根基，20世纪30年代的经济大萧条则使得市场自发论的大厦濒于崩塌，人们逐渐认识到市场机制并不是完美的，并开始寻找新的答案和解释。1936年，《就业、利息和货币通论》的出版，标志着提倡国家干预经济的凯恩斯主义开始登上历史舞台。凯恩斯在该书中提出了有效需求不足的理论观点，并以此否定了市场能够通过自发调节实现经济均衡；主张国家干预代替自由放任，通过财政政策和货币政策等对经济进行干预和调节，为保障经济均衡运行和资源充分利用提供政策手段。凯恩斯主义的政策主张虽不能从根本上防止经济危机的发生，但确实降低了经济危机的影响和冲击。第二次世界大战以后，西方资本主义国家纷纷采用了凯恩斯的主张，加强了政府对经济运行的干预，这对于战后资本主义能够实现长达二十年的经济高速增长起到了一定的积极作用。

　　但是，西方国家对于经济的过度干预和盲目刺激也造成了新的隐患，到20世纪70年代时，高通胀与高失业并存的"滞涨"现象已经成为西方资本主义国家普遍面临的问题。"滞涨"现象的出现使得西方经济理论面临着第二次危机，人们对于凯恩斯的国家干预思想产生了许多质疑，并开始重新思考政府与市场的关系。在这一情况下，自由放任重新回到了人们的视野，各种新自由主义思想不断产生和发展，其中影响较大的有货币学派、理性预期学派、供给学派以及公共选择学派等，他们从不同角度提出了减少政府干预、提倡经济自由的主张。但应当看到，与传统经济学的"市场自发论"否定市场机制缺陷、主张无条件无约束的自由不同，新自由主义"市场自发论"承认资本主义市场经济存在的矛盾和问题，并不排斥国家对于经济必要且适当的干预，如维护市场秩序、建立市场制度，以及从事私营企业无力或不愿进入的公用事业等，这些思想成为20世纪80年代后西方国家进行政府改革的重要理论指导。此后，新凯恩斯主义经济学的产生以及2008年国际金融危机等因素的影响使得新自由主义思想受到质疑，政府治理危机和宏观调控的作用受到学者们的关注，市场经济理论进入下一个发展"循环"。

从市场与政府的关系演进来看，在不同的发展阶段，面对不同的现实状况和发展任务，催生了不同的学派和理论，经济自由和国家干预轮番登场，但这绝不是简单的重复和循环，而是一个否定之否定的扬弃过程，各个学派的产生和发展不断完善着市场经济理论，加深着人们对市场和政府关系的认识。总的来说，我们可以形成以下两点基本认识：一是在一定的制度保障下，市场是资源配置最为有效的方式，发展壮大市场经济应当是各个国家经济体制改革的重点方向；二是市场和政府的关系并不是对立的，更多的是互补的关系。市场有效发挥作用需要政府创造有利的制度环境，政府能够在市场无法发挥作用的领域作为补充。政府和市场等同于左手和右手的关系，在不同的层面发挥作用，只有界定清楚彼此的职能，相互配合好才能共同推动市场经济健康发展。

（二）市场导向的概念内涵

"市场导向"一词在理论和实践中得到了广泛使用，在不同的应用场景中所表达的含义有所不同。市场导向最初起源于营销观念，是一种企业哲学，反映企业以更好地满足市场现有或未来需求为一切决策的出发点，以最有效的行动为顾客提供卓越服务的价值取向[1]。与之相对应，企业也存在企业家导向、技术导向、质量导向等不同的经营管理理念。市场导向相关研究已经成为营销学界的重要组成部分，其中影响较大的有组织行为观和组织文化观两大代表性学派。持组织文化观的学者认为，市场导向是一种组织文化，将引导企业创造并提供给顾客卓越的价值，包括顾客导向、竞争导向和跨部门协作三种构成要素以及关注长期和强调利润两种决策标准[2]。持组织行为观的学者认为，市场导向是企业获得与顾客当前或未来需求相关的市场情报信息并进行处理的一系列特定行为，包括情报信息产生、情报信息传递以及组织对情报信息做出反应三个环节[3]。组织文化观和行为观虽在表述上有所不同，但本质上却是相通的，文化观中的三个部分在实践层面都涉及了行为观中的三种行为，且对于信息价值的发掘同样重要[4]。

除了表示企业的一种战略导向选择，在更为一般的意义上，市场导向还强调发挥市场在某一经济社会领域的资源配置中的主导作用。在这一层面上，"市场导向"有时被用以评价甚至定义"市场经济"。如在国际贸易领域中，2020年2月美国向世界贸易组织递交《总理事会关于〈市场导向条件对世界贸易体系的重要性〉的决定》，文件中的"市场导向"是一个有具体指标内涵的评价标尺，通过具体的条件判断一国经济制度是否符合市场经济标准。此外，王健（2018）从市场导向出发将改革开放以来中国的经济体制改革划分为六个阶段，反映市场在资源配置中的作用程度和市场机制完善程度[5]。在某些具体行业或领域中，有时也用"市场导向"来强调市场的作用，如卢美芬和方莹芬（2012）分析了高校继续教育招生市场导向的体制转型路径[6]；吴滨和庄芹芹等（2020）认为坚持市场导向的绿色技术创新体系，就是要发挥市场在绿色技术创新方向、技术路线以及资源配置中的决定性作用[7]；邹乐乐等（2022）认为市场机制是实现双碳目标的基础，通过市场机制可以全局最低成本实现碳中和[8]。

综上所述，结合本书的主题，我们提出的市场导向是要充分发挥市场在资源配置中的决定性作用，通过完善市场规则、维护市场程序等激活市场主体活力，强化市场需求对供给的引领，提高市场运行效率和保证供给质量，进而实现供给和需求的高质量对接。发挥市场导向作用，就是确立市场在资源配置中的决定性作用，需要由市场决定生产什么，即企业能够按照消费者需求进行生产，并向市场提供所需要的产品和服务；需要由市场决定如何生产，即企业能够自主选择最先进的技术、最科学的经营方式；需要由市场决定为谁生产，即要素价格能够通过市场的供求关系来决定。具体来讲，市场导向具有以下几方面的构成要件：

首先，市场机制是市场导向下资源配置的具体实现方式。完善和健全的市场机制才能实现资源配置的有效性和合理性，优化的市场资源配置才能实现较高的经济效益以及满足消费者对于产品的需求，秩序混乱、体系不健全的市场所决定的资源配置并不是最有效的。建立完善的市场机制是实现市场有效配置资源的前提条件。这通常包括两方面的内容，一方面是不断规范市场秩序，不仅要形成有秩序的竞争，更要通过建立激励制度克服信息不对称环境中的机会主义行为，保障市场资源配置效率；另一方面不断完善市场体系，相较于产品市场，要素市场建设往往更为滞后，要推动资本、土地、技术等生产要素进入市场，真正实现有效配置各种资源。

其次，市场需求引领是市场导向的本质要求。企业的生产以获得经济利益为目的，由于企业生产的产品需要在市场上销售才能变现，因此满足消费需求和市场需求是企业获得经济利益的根本动力和出发点，也是最有效的内在激励机制。企业进行技术创新、调整产品结构和对产品进行升级换代也是为了更好地满足市场需求。但在现实中，由于信息不对称、市场机制失灵、政府干预等原因，企业往往无法动态感知市场需求及其变化情况，导致供给与需求在时间、空间和层次上对接不充分，出现了资源错配的现象。坚持市场导向就是要以市场需求为导向，通过市场机制来调节资源和要素配置，发挥市场需求对于供给的引领作用，最终目标是要推动供给与需求有效衔接，为市场提供需要的产品和服务。

再次，充满活力的企业是市场导向的执行主体。市场主体是市场配置资源的微观基础，而这种资源配置效率是充满活力的企业在充分的竞争中实现的[9]。企业是连接资源和市场的桥梁，更加贴近用户，能够直面用户的需求，同时在利润最大化的动机下，企业具有内在动力，能根据市场需求调整自己的生产经营活动以赢得持续的竞争优势，并提高追踪需求的潜力，所以说企业是市场导向下天然的执行主体。在市场机制下实现效率目标不仅需要企业成为主体，还需要市场活力，需要在规范和保护产权、建立现代企业制度等方面加强建设，充分激发企业的内生动力，提高企业对市场机会的辨别和把握能力。

最后，政府是市场导向下不可或缺的力量。坚持市场导向就是要求市场在资源配置中发挥决定性作用，即上文所说的市场决定生产什么、如何生产以及为谁生产，而其中的关键问题是处理好政府和市场的关系，引导政府角色由资源配置的主体向资源配置的监管者转变。这意味着，一方面政府要退出市场作用的领域，让市场决定资源配置方向，充分发挥市场供求和价格等市场信号的调节作用；另一方面政府要承担起完善市场机制建设和规范市场的职能，通过创造性的市场机制设计和市场监督管理来激发市场活力，让各类市场主体、资源和要素活跃起来，提高市场运行的整体效率和质量。

（三）市场机制的概念内涵

市场机制是市场运行的实现机制，体现了市场内在地对经济活动进行自我调节和自组织的动力机理和过程。正确理解市场机制的内涵和意义需要从以下几个角度入手：首先，市场的自我调节和自组织是建立在微观层面的市场活动参与者之上的，各市场主体地位平等并受同一套市场规则所约束；其次，市场的自我调节和自组织能力强弱受市场规则和市场体系完善程度的影响，如市场主体行为是否自由，产品产权是否明确，以及市场主体和产品组成是否完备等；最后，市场的自我调节和自组织功能的实现依赖于供求、价格、竞争等市场要素在市场主体和市场产品之间的相互作用、联系，这些市场要素成为市场机制的具体表现。在这一层意义上，市场机制是价格、供求和竞争三种基本要素相互结合、相互制约、互为条件的一个循环运动的过程，而市场活动参与者的利己心则是市场机制得以循环运转的原动力。

一般来说，市场机制的构成要素主要有价格机制、供求机制和竞争机制等。价格机制是某种产品的价格与其供求之间的相互联系和影响，最终实现价值与价格、供给与需求趋向平衡的有机运动。作为一种信号机制，价格机制是市场机制最为核心的机制，能够反映出资源的稀缺程度和市场的供求关系，从而有助于优化资源的配置效率。供求机制是指市场上要素或产品供需双方以价值为核心表现形式的一种矛盾运动调节机制，即市场上的生产者或消费者能够根据自身价值取向和判断来确定生产或购买的产品种类及数量。市场的供求机制能够协调好各参与主体的功能和作用，有利于释放各参与主体的供需信号，最大可能实现供需有效对接。而竞争机制是指在各个市场主体基于自身利益的最大化而展开相互竞争，由此形成经济内部必然的联系和影响。作为市场机制的基本内容之一，竞争机制通过价格竞争或者非价格竞争等方式，能够最大限度激发各市场主体的能动性，实现市场主体的优胜劣汰和要素资源的优化配置。总的来说，价格机制、供求机制和竞争机制作为一般性的市场机制能够在任何市场中存在，并且通过在不同类型的市场上表现为各种独特的市场机制而发挥特定的作用，如外汇市场上的利率机制、劳动力市场上的工资机制等。

完善的市场机制通常具有以下几方面的基本功能。一是激励功能。在市场竞争压力下，利益机制会促使生产者努力提升生产效率以保持有利地位，进而获得更高的报酬。那些积极进行创新的企业虽承担着一定的风险，但优胜劣汰的竞争结果将会给予竞争优胜者丰厚的市场回报。二是约束功能。市场机制是在市场经济活动长期演进的过程中形成的一套各市场主体共同遵守的内在制度，任何违反市场规律的行为都将受到市场的惩罚并最终在市场竞争中被淘汰[10]，同时各个市场主体的利益最大化行为是相互制约和影响的，因此各市场主体也具有互相监督的积极性。三是自组织功能。市场的稳定并不是静态的稳定，而是建立在不断的动态调整基础之上的，当某一因素在可接受的范围内发生变动时，市场中的其他构成部分和因素会在市场运行规律的作用下做出调整以适应这一变化，并最终通过一系列的内在演化过程而趋向平衡，这种平衡主要表现为我们常说的供需平衡。四是资源优化配置功能。市场的资源配置功能不仅体现在通过信号机制将资源配置到最佳利用方向上，更体现在能通过竞争机制将资源向优质使用者集中，使得单位资源耗费的社会收益实现最大化。

然而根据新古典经济学的假定，市场机制有效配置资源是以完全市场为基础的，但在现实中并不存在完全市场，市场机制仍面临垄断或不完全竞争、市场行为的外部性、市场信息不完全以及公共物品供给不足等内在缺陷，在不完全的市场调节下难以使得整个经济达到理想的有效率。但上述市场的不完全或不完善并不意味着否定市场决定资源配置的作用，而是需要通过不断加强制度建设来完善市场机制，以使市场更为有效地对资源配置起决定性作用。

二、绿色技术创新的市场导向

所谓市场导向是指绿色技术创新应立足市场需求。有别于传统技术创新，市场导向的绿色技术创新体系是生态文明建设视域下的一种崭新形态。它以生态文明建设为战略目标，坚持"绿色理念、市场导向、完善机制、开放合作"的基本原则，面向市场需求促进绿色技术的研发、转化、应用及推广。构建市场导向的绿色技术创新体系，有助于充分发挥市场对资源配置的决定性作用，推动我国绿色技术创新与现代产业发展、生态文明建设等现实需求相结合，这对我国推进生态文明建设，实现经济高质量发展具有重大现实意义[11]。

绿色技术创新探索大体可分为三个阶段。第一个阶段为政府主导阶段，此阶段是绿色技术创新的初级阶段，也是奠定绿色技术创新基础的重要环节。在政府主导阶段，政府作为核心推动力量会对具有前瞻性和引领性的关键共性技术进行战略规划和谋篇布局，并在全国范围内组织相关科研机构和高校进行联合攻关，最大限度发挥政府的组织优势。例如，通过"攻关计划"和"863计划"等直接启动重大绿色技术创新。但由于政府无法实现掌控经济发展趋势及绿色技术创新动向，在技术创新资源配置过程中存在主观性、滞后性、盲目性，导致经常出现高校和科研机构唱独角戏的尴尬问题，出现科研、技术与产业脱节的困境和弊端，技术成果对经济贡献率低，资源配置效率低下。第二个阶段为政府和市场协同作用阶段，此阶段是绿色技术创新的过渡阶段。在协同作用阶段，政府主要通过相关政策措施来降低创新的市场不确定性，进而激发企业绿色技术创新。比如，通过定期发布和更新绿色技术需求目录等一系列相关规定保障绿色技术创新的实施[①]。第三个阶段为市场主导阶段，绿色技术的发展逐渐趋于成熟、稳定。企业是绿色技术创新的主体，市场是要素配置的主要力量。在此阶段要将侧重点放在设计和优化市场竞争机制上，让绿色技术创新主体可以获得一定的竞争收益，而政府的职责更多是建立、维护公平和谐的市场环境。总而言之，尽管上述三个阶段的主要主体存在差异，但也并非完全相互独立，三个阶段的相关活动均是围绕市场主导这一终极目标开展的。现阶段，我国的市场经济及市场化水平已渐趋成熟，统一开放、竞争有序的市场开放体系逐步完善，因此，由市场决定绿色技术创新资源配置

---

① 比如，2014年，环境保护部（现生态环境部）联合商务部、工业和信息化部印发《企业绿色采购指南（试行）》，该指南的试行对指导企业实施绿色采购、构建企业间绿色供应链有着很好的推动作用，扩大了市场对绿色技术的需求。2018年，国家发展改革委组织编写了《国家重点节能低碳技术推广目录》（中华人民共和国国家发展和改革委员会公告，2018年第3号），涉及煤炭、电力、钢铁、有色金属、石油石化、化工、建材等13个行业共260项重点节能技术，从而在政府层面积极推动了节能低碳技术在重点领域的应用。

实属必然。

我国建立市场导向的绿色技术创新体系的关键在于厘清市场的供求机制，实现供给与需求的对接，这也是绿色技术创新的根本动力。总体来看，绿色技术创新是以政府为引导，以企业为主体，产学研介用共同参与的一个系统性活动。市场的供求机制有利于释放绿色技术创新系统中各参与主体的供需信号，能够充分调动市场活动参与者发挥自身在市场体系中的特定功能和作用，并通过价格等信号机制的协调和调节作用最大限度实现市场供给和需求之间的有效衔接。更具体地来说，市场供求机制能够有效发挥企业在绿色技术创新体系中的主体作用，并将高校、科研机构、中介服务结构等市场参与主体提供的各种不同要素进行有机整合，形成各主体之间动态交互、密切联系的协同创新网络，最终实现绿色技术创新体系的价值共同创造功能。总体来看，绿色技术创新存在有效需求不足、供给不足、技术创新成果转化机制衔接不畅等问题，导致了绿色技术创新水平较低，滞后于实际需要，没有形成完整的绿色技术创新产业链[7]。

（1）需求侧：市场需求是企业进行绿色技术创新活动的逻辑起点，也是绿色技术创新活动的核心驱动因素。恩格斯说过，"社会一旦有技术上的需要，这种需要就会比十所大学更能把科学推向前进[12]"。这一点放在市场导向的绿色技术创新过程中更是如此。然而，由于绿色技术具有很强的外部性，导致政府、公众、企业对绿色技术呈现需求不足的特点。

首先，政府层面，伴随我国绿色低碳循环发展经济体系的建立健全，绿色经济已成为我国经济发展的新动能。一方面，作为全球新一轮产业革命和技术变革的关键突破方向，绿色技术创新在促进绿色发展中的支撑和驱动作用越发凸显，已经成为加快生态文明建设、推动经济高质量发展的重要工作抓手。然而，我国当前的技术创新体系及科研现状本身已明显不适应新时代的发展要求，科研成果的转化率不高[①]，这一问题已受到当前社会各界的诟病。另一方面，近年来，治理生态环境污染已成了各级政府的"硬任务"，绿色发展指标的考核压力成为政府重视绿色技术创新的动力来源。但是绿色技术创新产生的生态环境效益主要体现在长期，在短期内很难显现，并且生态环境的效益往往很难衡量，导致政府在通过绿色技术创新改善生态环境指标方面存在短期化倾向。

其次，公众需求层面，公众对绿色生态环境和绿色消费有很强烈的需求，对生态环境保护的要求也越来越高，成为企业进行绿色技术创新最直接的动力。现阶段随着我国经济社会主要矛盾的变化以及经济的高速增长，人们的物质生活得到极大改善。与此同时，中国公众的绿色生态意识不断增强，对自然、优美的生态环境需求和健康需求日益增加，开始不再单纯地追求以消耗物质资源获得生活上的舒适，而是在获得舒适的基础上，尽可能节约资源和能源。绿色、低碳、环保的物质产品开始成为公众的普遍需求，绿色食品、绿色出行、绿色建筑、绿色家电、绿色包装等越来越受欢迎。虽然公众对绿色生态环境和绿色消费有很强烈的需求，对于环境保护的要求越来越高，但是由于绿色技术创新具有公共产品属性，公众并不愿意为绿色技术支付额外的成本，存在公众购买动力不足的特点。

最后，企业发展层面，及时了解市场行情、现实需求、潜在需求是企业适应市场变化进而提高竞争优势的法宝。只有当企业的绿色技术或产品创新成果得到市场的认可，也就是能够满足不同消费者的多元化绿色需求时，企业的绿色技术创新才算最终完成，并从中获得市场竞争优势，这也是企业进行绿色技术创新的动力源泉。进一步来说，企业若想不被绿色壁

---

① 在科技部、生态环境部（原环境保护部）、住建部等多部委发布的《"十三五"环境领域科技创新专项规划》中指出，当前我国环境科技发展存在四大问题，其中之一就是技术研发与应用转化脱节的问题，自主研发技术多处于小试或中试阶段，仅36%左右技术进入产业化阶段，这造成了科研经费的极大浪费。

垒所排斥在市场之外，并能够在越发激烈的市场竞争中占据优势，就需要通过持续的绿色技术创新来不断满足市场需求，既要高度重视现有需求，也要密切跟踪潜在需求，不断追赶绿色浪潮，牢牢把握市场主动权。另外，企业进行绿色技术创新，能够提高企业的社会声誉，提升企业品牌形象，良好的企业形象能够提高企业产品的市场竞争力。然而，采用绿色技术往往需要很高的经济成本，环境方面要求的技术标准也较高，因此，在没有强制约束的条件下，企业采用先进的绿色技术的意愿不强，企业对于绿色技术的需求表现出普遍不足的特点。

（2）供给侧：绿色技术创新供给就是向社会输出有市场价值的绿色技术。在构建市场导向的绿色技术创新体系过程中，要建立企业在绿色技术创新中的市场主体地位，通过各参与主体之间相互联系、相互作用，使绿色技术的市场供给和市场需求达到平衡。

企业在构建市场导向的绿色技术创新过程中起到了关键核心作用。绿色技术创新的参与者分布在各个层面，包括政府、企业、高校和科研机构、科技中介机构、社会公众等。那么，在这么多参与者中，为什么选择企业作为主体呢？一方面，企业既是绿色技术创新的需求者，也是绿色技术创新的提供者，兼具双重身份，是推动我国绿色技术创新的主力军。另一方面，企业不仅拥有保障技术创新成果落地转化所需要的平台及相关资源，还具有贯穿"技术—产品—商品"的完整商业模式及管理经验，能够更快地实现绿色技术创新成果的价值转化。在绿色技术创新主体地位方面，过去人们往往把高校和科研机构当成技术创新的主体，但综合以上分析来看，实际上绿色技术创新的真正实施主体应当是企业。企业直接面对市场，最清楚市场需要什么样的绿色技术创新，是市场创新活力的源泉。把企业置于绿色技术创新参与主体的首位，能够充分利用市场机制让有能力、有技术的企业真正参与并主导绿色技术创新。这么做不仅能够解决高校和科研机构唱独角戏的尴尬问题，也能摆脱科研、技术与产业发展脱节的困境。

然而，从绿色技术的供给来看，现阶段研发投入不足、基础力量薄弱、市场不确定性等问题制约了我国绿色技术创新水平的提升。首先，研发投入不足是绿色技术供给不足的主要原因。一方面，绿色技术创新的外部性会减弱企业绿色技术创新研发投入的动力，而且企业绿色技术创新的外部性具有双重特点，不仅表现为绿色技术溢出的正向外部性，还表现为绿色技术产出的社会属性[13]。由于绿色技术的"双重外部性"，企业的部分产出被其他社会主体免费分享，使得许多企业都有一种"搭便车"的心理，削弱了企业进行绿色技术创新的积极性，并因此可能导致严重的"市场失灵"。另一方面，资金压力会导致企业降低绿色技术创新的投入。绿色技术创新的科技水平相对较高，在技术研发过程中需要大量的资金投入，这种资金投入并非一次性的，而是一个连续的并不断递增的投资过程。在这种情况下，任何企业均会面临维持长期资金投入上的困难和压力，长此以往就会消解企业绿色技术创新的动力。其次，企业的技术基础薄弱制约了绿色技术的研发[14]。目前，我国一些中小企业普遍缺乏绿色技术创新人才和技术力量，特别是我国制造业中的中小企业，技术含量普遍较低，污染相对较高，没有能力进行绿色技术的研发，绿色技术的使用率很低，即使是少数采用绿色技术的大型企业，由于高昂的绿色技术投资和运行费用，通常也只是采用末端处理技术，制约了绿色技术的研发和使用。企业长期得不到应有的市场回报，就会导致以企业为主体的绿色技术创新体系很难建立。再次，绿色技术发展前景的不确定性也会造成企业绿色技术创新的动力欠缺。企业在绿色技术创新的过程中不仅需要较强的资金投入能力，还要面对来自市场、产品不确定性的挑战[15]。绿色技术创新具有投入高、周期长、风险大的特征，虽然未来可能取得高收益，但是因其经济效益并非立竿见影，收益回报存在滞后性，这会增大资金投入风险，无法使企业在短期内获得满意的经济效益。尽管绿色技术存在很大的发展潜力和提升空间，这种发展前景企业往往无法准确判断，这样的结果会使企业更偏向选择投资少、风险小的传统技术创新，而减少对绿色技术创新的投入。最后，绿色技术创新的研发、扩展和推广应用效果取决于参与主体的策略博弈，由于各参与主体的利益诉求有差异，导致在面临绿色技术市场需求不足、绿色技术研发的激励不足、政策支持力度不够等多重挤压的情况下，大多数企业在绿色技术创新上进行研发投入的意愿和能力不强，造成了目前我国企业绿色技术供给不足的情况。

目前，绿色技术创新的供给和需求之间存在信息不对称，导致绿色技术创新不能很好地满足市场需要。其一，我国绿色技术企业、研发机构和市场需求之间的体制机制没有打通，科技成果转化机制存在衔接不顺畅的问题。我国的绿色技术创新活动最活跃的是高校和科研机构，大量绿色技术创新研发项目在立项环节就存在问题，科研的立项环节没有真正让市场需求"说话"，导致研究出来的成果绝大部分无法应用，绿色技术创新活动与市场需求脱节错位。受绿色技术的市场功能不健全、交易信息不对称、研发和扩散成本高等因素的影响，绿色技术创新成果质量偏低、转化率不高等问题依旧严峻。其二，绿色技术创新的供给和需求之间缺乏有效的沟通渠道和平台，导致企业不能及时掌握绿色技术的供需信息，企业、高校和科研机构、科技中介机构之间不能形成高效对接、优势互补、协同创新，影响了绿色技术创新的质量和效率。其三，企业往往关注短期的经济利益，对绿色技术创新的长期经济价值、对自身核心竞争力的提升以及对国家战略的重要意义缺乏理性认识，甚至有些企业把绿色技术创新当作经营负担，导致绿色技术创新供给不能很好地满足市场需要。其四，我国绿色金融对于绿色技术创新的支撑作用尚未充分显现，绿色技术创新仍面临资金瓶颈，资金供不应求的状况并没有得到有效缓解。当前，政府财政投入仍是我国绿色技术创新活动的主要资金来源，社会资本的参与意愿和程度并不高，绿色金融市场规模小且产品单一，金融机构的参与积极性不高。总的来说，绿色金融在推动构建市场导向的绿色技术创新体系中的作用还有较大的提升空间。

完善的市场机制和体系能够帮助创新主体准确捕捉绿色技术创新的市场需求，并保障绿色技术创新要素的自由流动和合理定价，最终实现资源的有效配置。在具体的市场运作过程中，追逐利益的企业在准确识别市场需求的基础上，通过持续的绿色技术创新提供满足市场多样化需求的产品来提高自身竞争优势，并从中获取丰厚的市场回报，如此企业才能具有长久持续的动力和意愿组织生产活动，进而形成市场良性循环。

总之，我国建立市场导向的绿色技术创新体系，就是要建立以政府为引导、以企业为主体，产学研介用深度融合的绿色技术创新体系，其核心就是要发挥市场机制在绿色技术创新中的主导作用，建立企业在绿色技术创新中的市场主体地位，使绿色技术的市场供给和市场需求达到平衡，同时充分发挥政府的引导作用，将绿色技术创新的外部性内部化，扩大绿色创新的市场需求，提升绿色技术的市场价值。

三、绿色技术创新的市场机制

推动绿色技术创新，完善市场机制是关键。国内外大量理论研究和实践经验表明，相较于技术导向、资源导向或别的什么导向，由于能够充分发挥市场有效配置资源的优势，市场导向下的绿色技术创新活动更为活跃，效率也更高。具体来说，市场机制对绿色技术创新各类要素配置具有导向作用，能够不断提高要素之间、主体之间及企业与产业链之间的耦合度，优化绿色技术创新要素配置效率，从而直接提高绿色技术市场需求与供给的相关性，这对保证绿色技术创新体系持续有效运行至关重要。绿色技术创新的市场机制具体包括以下几个方面。

（一）市场激励机制

首先，从引导市场需求和供给两方面着手，推进技术创新源头市场化以形成有效的市场激励机制。从源头上，要由市场决定科研项目选题、立项机制，以及技术研发、路线选择、产品服务开发激励机制、技术应用激励机制等[16]。制定发布《绿色产业指导目录》《绿色技术推广目录》《淘汰落后安全技术装备目录》，支持企业承担重点绿色技术创新项目，积极释放需求信号，重点是通过政策激励调动企业积极性①。要真正发挥国家技术创新制度的绿色利益导向机制，鼓励对绿色技术创新项目有利的税收优惠政策，引导资金资源流向环境友好型企业，通过多种机制设计提高企业进行绿色技术创新的风险承受能力，加强产学研介用协同创新力度，提高各市场主体参与的积极性。同时，鼓励企业成为绿色技术创新主体，让更多研发、资金实力雄厚的企业参与并主导绿色技术创新，让市场决定绿色技术研发方向、路线选择、产品服务开发、多方协同、技术应用、风险规避机制等，推动科研工作和产业发展紧密连接。

其次，市场的竞争机制能够鞭策企业进行技术创新，要通过公平竞争对绿色技术创新进行有效激励。竞争机制能最大限度地刺激各参与主体的能动性，倒逼生产者改进生产技术，提高生产效率[13]。同时也可实现企业绿色技术生产实践同市场需求的对接。尽管企业进行绿色技术创新会存在风险，但是在激烈的市场竞争压力下，只有那些大胆创新、善于创新的企业才能避免被市场淘汰，获取回报并取得市场竞争的优势地位，而那些没有达到绿色生产标准的产品将无法满足市场需求且不具备竞争力，逐渐被市场淘汰。因此，市场竞争将迫使企业提高进行绿色技术创新的积极性，进而通过不断满足日益提高的绿色需求标准来增强自身竞争优

---

① 比如，开展绿色技术创新"十百千"行动，国家重大科技专项、国家重点研发计划支持的绿色技术研发项目由企业牵头承担的比例不少于55%等。

势。一言以蔽之，竞争机制能够通过直接或者间接的途径影响企业市场竞争地位，必然会促使企业持续加大绿色技术创新投入以不断提供产品竞争力。

最后，统筹产学研介用协调推进机制。绿色技术创新具有不确定性高、资金投入大、回报周期长的特点，在树立市场对绿色技术创新研发方向、路径选择、要素价格以及各类创新要素配置发挥决定性作用的同时，要构建跨区域、跨产业的绿色技术创新统筹协调推进机制，多主体、多途径协同优化创新资源配置。另外，要推进绿色金融产品和服务创新，鼓励社会资本进入绿色技术创新领域进行研发投资，加强对绿色技术创新人才的培养与激励，通过多渠道完善绿色技术创新风险投资和补偿机制，进而提高企业绿色技术创新的积极性。

（二）市场约束机制

绿色技术是涉及能源资源利用、清洁生产、污染治理、环境保护、环境监测等多领域的复杂技术体系。因此，构建市场导向的绿色技术创新体系是一项系统性工程，需要从生产、分配、流通、消费等各个环节发力，而其中市场约束机制是保障系统稳定运行不可或缺的因素。

首先，要积极面对在快速推进绿色技术创新市场建设过程中出现的新问题、新挑战，并在发展中不断解决问题，做到防患于未然。如完善市场进入和退出机制、市场公平竞争机制、知识产权保障机制、成果转移转化机制、多元市场投融资机制以及绿色消费倒逼机制，通过机制设计来快速解决发展过程中出现的新问题，保障绿色技术创新市场持续平稳、高效运转。要及时掌握绿色技术相关产业的动态，要建立监管部门和企业之间的联动机制，避免某一绿色技术的"一窝蜂"盲目使用，造成资源浪费。

其次，通过保障制度设计，使各主体按照法治化、市场化规则办事。要通过完善碳排放权、用能权、排污权交易制度，以及绿色技术产权贷款制度等，使生态环境污染破坏的外在压力转化为企业内部成本，促进绿色技术创新价值实现。通过知识产权保障机制、利益共享机制、风险共担机制、公平竞争机制、生态环境补偿机制等，合理平衡各市场活动参与者的利害关系，促使各方以市场规则和秩序为行动原则，真正发挥市场的激励和约束作用。

最后，要建立定期评估及反馈机制。对于绿色技术创新的评价体系，在衡量绿色技术的"新颖性、独创性、先进性"的同时，还要重点对其所带来的生态环境影响进行评价，通过综合评判确定是否予以支持或推广。对于那些给生态环境造成严重负面影响的技术要进行严格限制，只有那些能够切实降低污染物排放、提高资源能源利用效率的技术创新才能被纳入国家财政补贴、税费优惠、国家采购支持的范围。通过建立生产、研发、融资等多方共同参与的市场化成果评价与产业化协同机制，提高各方参与绿色技术创新的积极性。

（三）市场交易机制

市场交易机制包括绿色技术、产品和服务的价格形成机制，国际化、市场化、专业化的绿色技术创新成果转移转化机制等[17]。建立统一、透明、高效的绿色技术交易市场能够促进绿色技术扩散，在降低交易成本的同时提高应用效率，加强绿色技术创新的供需对接，促进实现绿色产品价值化。

首先，通过建立技术、产品和服务的价格形成机制，加强绿色技术创新供给与需求之间的联系和博弈，提升绿色技术创新市场化程度。价格机制能够调节绿色技术创新产品生产、调节市场消费。在市场竞争过程中，价格变化和供需变化紧密联系、相互制约。健全绿色技术及相关产品价格形成机制，让绿色技术创新价格来真正反映绿色技术市场的需求状况，能够确保绿色技术的有效供给，推动绿色技术产品总需求和总供给的平衡，优化资源的配置效率。价格和价值紧密相连，借助市场能够促进绿色技术及产品价格机制的形成，对资源、环境等有定价作用，能够通过价格真实反映其资源稀缺程度，促进实现绿色产品价值化。

其次，加强绿色技术创新市场服务体系建设，降低交易成本。一方面，通过搭建统一、透明、高效的绿色技术信息交易平台，促进绿色技术创新信息共享、评估推广、宣传培训等。以互联网、大数据、区块链等新一代信息技术为支撑，统一市场交易流程和规章制度，统一信息发布和诚信记录，破除阻碍要素流动的体制机制，建设高度透明、公平竞争的全国统一绿色技术创新市场，不断降低交易成本、提高交易效率，通过完善的市场机制优化资源配置。另一方面，通过积极培育和壮大绿色技术创新服务市场主体，充分发挥各类中介服务机构在绿色创新创业孵化、市场对接中的重要作用。此外，还应构建"绿色技术研发+绿色科技成果转化+绿色金融"的全链条平台，完善绿色技术创新的资源保障体系。

最后，建立健全绿色技术创新成果转化的市场化机制。要统筹国内国外的绿色技术创新资源，配套相应的组织、管理、制度、环境等，建立国际化、市场化、专业化的绿色科技成果转移转化机制，推进技术创新与绿色环保产业的深度融合。另外，要保障企业专利申请和成果转化应用的权利，通过多种方式和途径促进企业绿色技术创新成果的使用效率，以更少的能耗和更低的污染实现更大的价值，推进创新成果市场化。

（四）市场失灵后的政府干预机制

完全竞争的市场并不存在，单靠市场难以解决所有资源配置的效率性及妥当性问题。由于技术创新成果是典型的公共物品，导致创新成果给他人（搭便车者）赋予了不需要成本的利益获取新技术，从而获得成本优势，这种收益的"外溢性"（正的外部性）阻碍了绿色技术创新的投入，从而挫伤技术创新主体的积极性。另外，环境污染造成的社会成本高于污染者收益的引导环境污染企业损人利己的负向外部性。污染可以给企业自身带来很大的收益,那么环境污染企业在不被惩罚的情况下,便很少主动采用"绿色"技术。绿色技术创新的"双重外部性"导致市场失灵①。即市场无法通过"无形的手"自发调节以实现绿色技术创新市场资源配置效率的最大化,此时便需要政府予以引导和推动。

需要注意的是,政府不是代替市场。政府干预的出发点是维护绿色技术创新市场机制正常发挥作用。政府应充分发挥政策对绿色技术创新市场主体的引导、激励和促进作用,重视并积极制定政策支持,如绿色产业政策、绿色消费政策、绿色财税政策、绿色考核政策等,引导、规范和约束企业参与绿色技术创新。政府的政策干预能够弥补绿色技术创新活动中市场失灵时带来的机制缺陷。在绿色技术创新活动过程中,政府既要担当绿色技术创新市场环境的监督者,同时政府也是绿色技术创新市场需求的引导者。在绿色产品(服务)市场需求不明显的时候,需要政府通过采购、税收激励、财政补贴、产权保护等来弥补企业绿色技术创新成本,给予市场中的创新主体更充分的激励、引导,从而维持创新主体的创新动力,驱使企业在绿色技术创新市场上展开竞争,激发其潜能和创造性,以进一步撬动绿色技术的市场需求。

总之,市场导向是企业绿色技术创新发展的长效机制,为推进绿色技术创新,应建立市场导向的绿色技术创新体系,通过市场激励机制、约束机制、交易机制等的共同作用,用市场无形之手激活绿色技术创新紧跟市场需求,推动绿色技术创新链和产业链融合,优化创新资源配置和技术推广应用,确保绿色技术创新体系高效健康运转。

---

① 亚当·斯密"看不见的手"原理指出,当市场经济处于完全竞争条件下,每个市场主体的行为都是追求私人利益最大化,而市场机制最终却能够保证社会资源的最优配置,但若存在"外部性",就会出现"市场失灵",社会资源配置出现扭曲。

四、市场导向的绿色技术创新体系基本特征

市场导向的绿色技术创新与传统的技术创新有着显著不同，不仅体现在主导方向不同，还体现在参与主体、过程、效益等方面。市场导向的绿色技术创新具有以下四个特征。

（一）市场导向性

以市场为导向，构建要素完备、目标精准、功能齐全、运行高效的绿色技术创新体系是构建绿色技术创新体系的基本条件。在供求关系日益复杂、产业结构优化的背景下，仅仅通过政府，难以发现和培育出新技术、新产业、新产品。这些创新产品的出现，往往是充满活力的市场竞争而导致的。因此，要发挥出市场在绿色技术创新的资源配置中的决定性作用。完善的市场配置资源制度，能够打破各种阻碍绿色技术创新的桎梏，使各种创新资源更加活跃，更能面向世界科技前沿，对接国家重大需求和人民的根本关切，进而提高绿色技术创新体系运行的效率。市场作为顾客市场需求的"感应器"，能够通过价格、供求及竞争等市场机制将市场需求信息传递给绿色技术创新主体，市场化机制还可以不断提高创新要素之间、各参与主体之间及企业与产业链之间的耦合协调度，从而直接提高市场需求与供给的相关性，优化创新各类要素配置，提高创新资源配置效率。同时，政府需要扮演好市场经济的"守夜人"角色，管理不能缺位和越位，要提高战略规划水平，努力营造有利于公平竞争、鼓励创新的政策环境和制度环境，引导绿色技术创新方向。

（二）参与主体的多元性

多元性体现在市场导向的绿色技术创新体系是由多主体共同参与的一项复杂的系统工程，通常包括政府、企业、高校和科研机构、科技中介机

构、社会公众等。在绿色技术创新系统中，政府是引导者，企业是主体，社会公众是绿色产品的购买方，也是绿色技术创新价值实现的终端。构建市场导向的绿色技术创新体系，是一件大的系统工程，需要政产学研多方机构相互协同，共同推进，不断进步。

主体性体现在从各个创新主体来看，企业在绿色技术创新中起到了关键核心作用。企业兼具双重身份，表现在企业既是绿色技术创新的需求者，也是绿色技术的提供者。企业可以选择绿色技术自主研发，也可以选择和高校、科研院所等机构共同研发，然后进行绿色技术应用或产品创新，这样就完成了绿色技术创新的整个市场化过程。把企业置于绿色技术创新参与主体的首位，能够充分利用市场机制让有能力、有技术的企业真正参与并主导绿色技术创新，实现供需对接，提升市场活力。

（三）运行过程的复杂性

构建市场导向的绿色技术创新体系运行过程的复杂性主要体现在以下三个方面：

一是系统性。构建以市场为导向的绿色技术创新体系是一项复杂的系统工程。在一个完整的技术创新体系链条中，政府、高校和科研机构、科技中介机构、社会公众五位创新主体是不可或缺的。系统性特征就是在构建市场导向的绿色技术创新体系时，要处理好各参与主体之间的协调配套关系，做到各自分工与相互协同相统一，使得五位主体能够围绕共同的目标发力[18]。在绿色技术的研发、扩散和应用过程中，加强市场主体、市场规则、市场体系、市场机制等各要素之间的关联性和系统性。

二是动态性。动态性特征表现为构建市场导向的绿色技术创新体系时，要能够动态调整和优化绿色技术创新的基本要素。一方面，随着经济社会的发展，要全链条谋划、分层分类立体布局，不断调整系统要素类型和要素间的作用方式；另一方面，要结合地域差异性，根据不同地区资源禀赋对基本要素模型进行优化和本土化调整。

三是不确定性。绿色技术创新的不确定性表现在研发投入的不确定性以及市场的不确定性等方面。绿色技术创新的科技水平含量较高，存在着很大的发展潜力。一项新的绿色技术的诞生通常缺乏完善性，并且需要大量资金进行技术研发，绿色技术创新的资金投入往往并非一次性的，而是需要连续不断增加投资的过程，这种高投入还无法在短期内给企业带来经济回报，这会给企业带来较大的资金压力，使得企业对绿色技术创新望而却步。另外，企业经常无法有效判断和掌握某项绿色技术的发展前景，其技术和市场上的不确定性增加了绿色技术创新的风险，市场前景和产品不确定性的压力会使企业绿色技术创新的动力欠缺。

（四）效益的综合性

构建市场导向的绿色技术创新能够实现经济发展模式由传统的粗放型、资源导向型向生态型、集约型、市场导向型转变，进而提高资源利用率。

经济效益方面，在生态文明建设阶段，加强绿色技术创新，能够为企业带来市场竞争优势，获得更多的市场机会、扩大市场份额，企业绿色技术创新产品和服务能够产生经济价值，进而弥补创新投入。另外，由于绿色技术创新具有"双重外部性"的特征，这会给其他企业或社会带来"搭便车"的好处，绿色技术创新带来的经济利益容易流向那些不承担成本的人，绿色技术的研发者无法独享技术利益，导致绿色技术创新的投资热情降低。同时，由于绿色技术创新的高投入，通常无法在短期内给企业带来足够的经济效益，导致其收益回报比较滞后。因此，市场导向的绿色技术创新的短期经济效益不一定显著。

生态效益方面，绿色技术创新是以实现绿色发展为核心追求，以保护生态环境为目标的管理创新和技术创新。这种创新遵循生态经济规律，摒弃追求短期利润最大化的目标取向,注重通过降低消耗、节约资源和能源,减少生态环境的污染和破坏,来提高资源配置效率,回应人们追求美好生活的诉求,促进生态文明建设和经济高质量发展。

社会效益方面,绿色技术创新以实现增进人民福祉、满足人民对美好生活的追求等目标为价值导向,强调政府、企业、高校和科研机构、科技中介机构、社会公众等创新主体的多元化等特点。市场导向的绿色技术创新除了能创造良好的经济效益、生态效益外,还能创造社会效益使整个社会受益。例如,绿色技术创新会为社会创造新的就业机会,在生产、生活与生态的协同共进过程中谋求效率与公平、活力与秩序的平衡点,进而增强教育文化、科技卫生、社会保障持续发展能力,从而激发我国经济高质量发展的凝聚力。

可以看出,市场导向的绿色技术创新不再局限于单纯降低生产成本、提高经济效益层面,而是强调通过建立经济、资源、环境相协调的管理模式和调控机制,更加强调坚持市场需求导向,围绕绿色产业发展需求,追求经济效益、社会效益、生态效益三者综合效益的全面提高,进而解决当前经济、社会及生态发展过程中不平衡、不充分的矛盾问题。

本章参考文献

[1] 王菁娜，乔时. 市场导向的概念发展与维度测量研究［J］. 河北大学学报（哲学社会科学版），2010, 35 (03)：106-111.

[2] NARVER J C, SLATER S F. The effect of a market orientation on business profitability［J］. Journal of marketing, 1990, 54 (4)：20-35.

[3] KOHLI A K, JAWORSKI B J. Market orientation: the construct, research propositions, and managerial implications［J］. Journal of marketing, 1990, 54 (2)：1-18.

[4] SLATER S F, NARVER J C. Does competitive environment moderate the market orientation-performance relationship?［J］. Journal of marketing, 1994, 58 (1)：46-55.

[5] 王健. 市场导向经济体制改革的六个发展阶段［J］. 人民论坛，2018 (33)：21-23.

[6] 卢美芬，方莹芬. 市场导向：高校继续教育招生体制转型的路径［J］. 教育研究，2012, 33 (11)：113-114.

[7] 庄芹芹，吴滨，洪群联. 市场导向的绿色技术创新体系：理论内涵、实践探索与推进策略［J］. 经济学家，2020 (11)：29-38.

[8] 邹乐乐，王溥，孙翊. 实现碳中和的市场机制与争取国际话语权重点方向［J］. 中国科学院院刊，2022, 37 (04)：469-478.

[9] 洪银兴. 关于市场决定资源配置和更好发挥政府作用的理论说明［J］. 经济理论与经济管理，2014 (10)：5-13.

[10] 车裕斌. 中国农地流转机制研究［D］. 武汉：华中农业大学，2004.

[11] 中华人民共和国国家发展和改革委员会. 国家发展改革委 科技部关于构建市场导向的绿色技术创新体系的指导意见发改环资〔2019〕689号.［R/OL］.（2019-04-15）［2022-06-01］. https://www.ndrc.gov.cn/xxgk/zcfb/tz/201904/t20190419_962441.html?code=&state=123.

[12] 中共中央马克思恩格斯列宁斯大林著作编译局. 马克思恩格斯选集：第四卷［M］. 北京：人民出版社，1995.

[13] 汪明月，李颖明，毛逸晖，等. 市场导向的绿色技术创新机理与对策研究 [J]. 中国环境管理，2019, 11 (03)：82-86.

[14] 韦结余，吴滨. 积极发挥政府引导作用，创新绿色技术供求机制 [J]. 中国发展观察，2020 (Z8)：81-83, 93.

[15] 黄志斌，张涛. 企业绿色技术创新及其阻碍因素析解 [J]. 自然辩证法研究，2018, 34 (08)：129-133.

[16] 尤喆，成金华，易明. 构建市场导向的绿色技术创新体系：重大意义与实践路径 [J]. 学习与实践，2019 (05)：5-11.

[17] 陈庆修. 推动绿色技术创新完善市场机制是关键 [N/OL]. 学习时报，2019-4-10 ［2022-06-01］. http://paper.cntheory.com/html/2019-04/10/nw.D110000xxsb_20190410_2-A6.html.

[18] 汪明月，李颖明，张浩，等. 市场导向驱动企业绿色技术创新模型构建与路径分析 [J]. 科技进步与对策，2019, 36 (20)：112-120.

第四章
市场导向绿色技术创新体系实践

通过总结提炼美国、日本、欧盟等在绿色技术创新领域的先进经验，抓住我国重点领域的绿色技术发展趋势，分析国内先进地区构建绿色技术创新体系的实践，为构建市场导向的绿色创新体系提供借鉴启示。

一、国际典型经验

结合典型国家的绿色技术创新体系实际，将绿色技术创新体系分解为绿色技术的创新模式、创新组织机制和创新政策三个维度（如图4-1所示），研究在一国绿色技术创新体系中，政府与市场之间的关系，各个主体和要素之间的配合，以及政策工具的特点。

图4-1 绿色技术创新体系的分析框架

随着全球经济的不断发展，资源环境约束日益成为未来全球经济可持续发展的最大风险因素。当前，世界主要国家纷纷制定了本国环境保护战略，其中绿色技术创新体系的构建，对于国家环保事业的发展具有引领带动作用。纵观世界各国，绿色技术创新体系发展与一国经济实力大致呈现相同趋势，本书选择美国、日本和欧盟三个典型案例进行分析。以化工行业环保技术PCT①专利申请量为例（如图4-2所示），美国与日本专利申请量遥遥领先，中国2010年以后发展极其迅速，其次德国、韩国、法国等也处在较高水平。

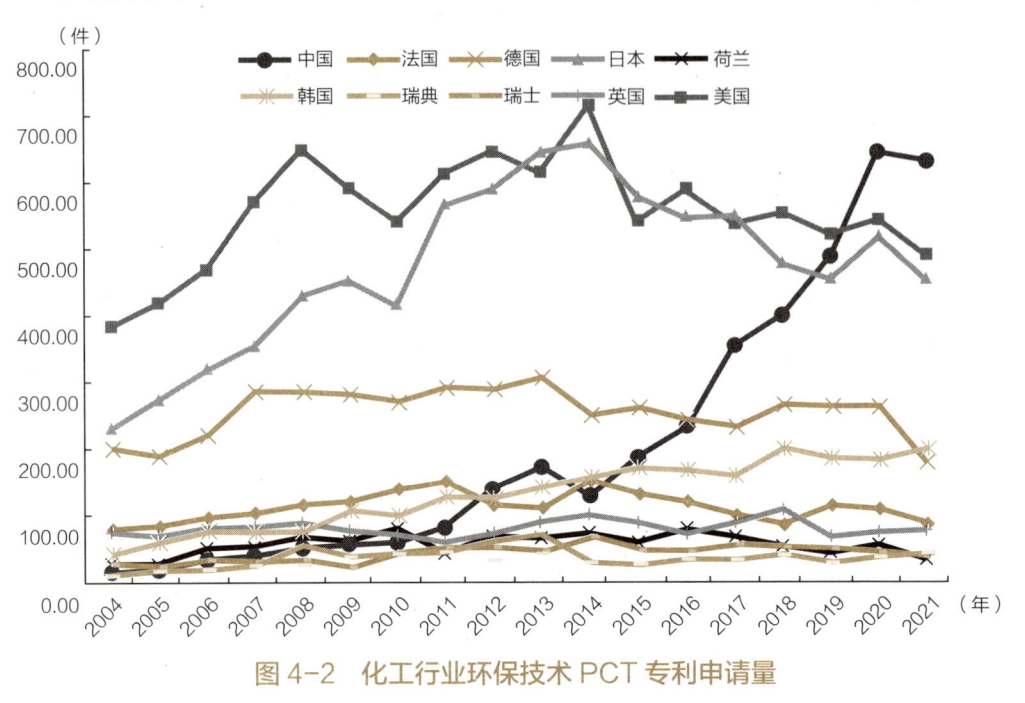

图4-2 化工行业环保技术PCT专利申请量

数据来源：Wind 资讯终端。

（一）绿色技术创新模式

绿色技术创新模式，是各经济体基于社会经济背景和环境问题制约，做出的符合实际情况的选择。美国、日本和欧盟具有不同的经济体制、环保诉求等，在绿色技术创新体系形成中表现为不同的模式。

1. 美国：政府推动与市场拉动模式

美国的绿色技术创新是一种基于政府推动，由市场需求拉动的创新

---

① PCT：专利合作条约（Patent Cooperation Treaty）。——编者注

模式。政府通过制订一系列战略规划，推动企业绿色技术市场化创新的研发、转化、产业化等全过程。政府推动与公众绿色技术需求，为绿色技术创新创造的市场空间，共同驱动美国绿色技术创新体系发展。"二战"后伴随着美国经济高速增长，环境问题日益严重，相继爆发了洛杉矶（Los Angeles）光化学烟雾事件（1943年）、多诺拉（Donora）烟雾事件（1948年）等大规模污染事件。美国开始大力推动绿色技术创新，节能环保产业等发展迅速，1970—1989年，年均增长率为19%[1]。总结美国的绿色技术创新体系（如图4-3所示），呈现出以下特点：

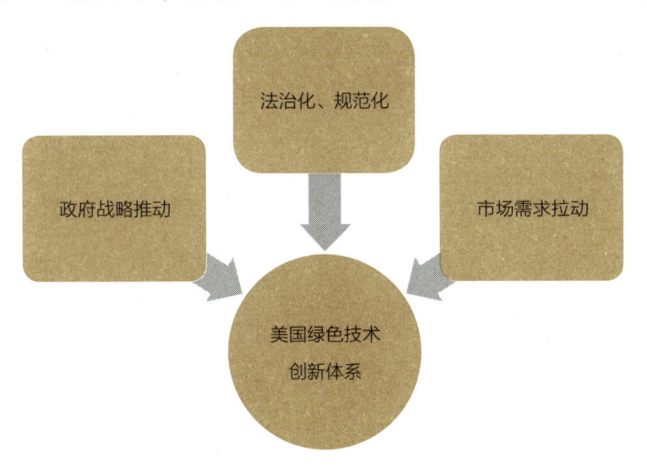

图 4-3 美国绿色技术创新模式

第一，政府通过制订战略计划、加大财政投入以及发展绿色金融等方式推动绿色技术创新。通过制定环保产业研发的战略目标，吸引绿色技术创新投入向基础性、长期、高风险的项目倾斜。通过加大财政投入，引导环保行业技术设施建设、绿色技术研发和产业化，以应对气候变化、大气污染等环境问题，推动可持续发展。此外，还大力发展绿色金融，缓解绿色技术创新的资金短缺问题。通过发行市政债券、绿色债券，设立环保基金以及发展绿色信贷等方式，缓解绿色技术创新市场失灵，弥补节能环保产业发展的资金缺口。第二，通过制定环境法规将绿色技术创新法治化、规范化。20世纪70年代以来，美国相继通过了《国家环境政策法》《清洁空气法》等30多部环境法律，涉及水环境、大气污染、废物管理等方面。在相关法律和管理机构的推动下，环境保护日益走向法治化，绿色技术创新规范发展。第三，公众的绿色需求为绿色技术创新创造了市场与投资空间。在绿色技术创新投入方向上，相对于日本侧重于"技术创新"，美国绿色技术创新具有一定内生性，更侧重于"绿色"。美国公众的绿色意识和可持续发展观，影响消费者的购买意向和企业的投资方向，能够扩大绿色技术创新的市场需求。

2. 日本：制度设计与产业转型结合模式

日本的绿色技术创新是将制度设计与产业转型相结合的一种模式。政府通过多种政策手段和制度设计，激励企业推进绿色技术创新，保障企业技术创新活动顺利进行。日本把绿色技术创新放在科技创新的首要位置，强调企业通过绿色技术创新实行转型发展，进而带动整个经济的转型升级。但是，伴随着战后煤炭、钢铁等高污染产业迅速发展，日本多地出现了水俣病、哮喘事件等环境公害之后，政府开始推动绿色技术创新，发展节能环保产业，开展工业污染治理。

第一，绿色技术创新过程中，形成了一整套行之有效的配套制度安排。日本政府及相关部门不断制定和修订各种类型政策与制度，监督和鼓励日本企业进行绿色技术创新，如日本政府在2020年颁布的《革新环境技术创新战略》，计划在未来10年里投入300000亿日元技术创新资金以促进技术发展。与此同时，日本公众具有较高的绿色环保意识，这也是日本政府制定相关法律法规和战略规划以及社会组织参与环保事业的主要动力。第二，通过制定法律、加大财政投入以及创新投融资方式等，促进绿色创新与环境保护事业的良性发展。20世纪60年代以来，相继成立了环境保护相关政府部门，出台了《水质污染防治法》等多部公害防治法律。在此基础上，通过财政补贴、融资优惠以及税收减免等政策，激励企业绿色技术的积极性。20世纪70年代，日本环保领域的财政支出占总财政支出比率由0.76%增长到2.35%[1]。同时，通过创新银行贷款制度，激励企业绿色技术创新。运用市政债券支持污水处理基础设施建设融资。第三，制定面向绿色技术创新的产业政策，推动产业结构升级转型。面对日益突出的产能过剩、资源环境约束等问题，日本开始产业转型升级过程。在终端技术、再生技术、清洁生产技术等领域发展绿色技术创新，大力发展节能环保等战略性新兴产业，并推动绿色技术向工业领域扩散融合。制定合理的产业结构政策，加大对汽车、电子制造业等环保友好、技术密集、高附加值产业投资，推动产业结构高度化。同时，有序推动传统高污染、高能耗行业向海外的转移。

3. 欧盟：基于政策调控的市场主导模式

欧盟作为一个区域性政府组织一直走在世界环境保护潮流的前列。欧盟的绿色技术创新是在基于市场经济规律的基础上，强调社会保障与政策调控相结合的模式。

第一，欧盟通过制订一系列统一的环境行动计划，对区域内整体绿色技术创新进行协调。欧盟通过制定环境行动规划来规范成员国的行为。2011年制订的生态创新行动计划（EcoAP）提出，通过环保立法、加强企业间联合创新、制定环保标准以及发展服务中小企业的绿色金融等措施，合作推动绿色技术创新。注重环境监测政策，制定环境技术认证（EIV）等政策措施，降低技术创新风险，强化绿色创新技术的应用转化[2]。此外，还包括生态管理审核计划（EMAS）。计划自1993年成立之初，仅围绕工业企业展开，主要对企业和组织进行评估、报告并促进其环保表现。经过不断完善和发展，生态管理审核计划目前已经在除欧盟外的多数国家得到推广和应用。通过审核来激励企业积极投入绿色生产，这种方式能够帮助企业降低生产成本和建立良好的形象，同时有效地提高社会效益、改善生态环境。第二，通过合理精巧的制度设计，将经济手段与其他措施配合，激励绿色技术创新发展。从政策完备性看，欧盟环境政策最为完善细致。例如，欧盟碳排放交易计划是运用市场激励的创新交易机制，对绿色技术创新具有明显推动作用。环保税收政策、排污权收费政策等，实际效果也较为显著，但也带来较高的执行难度和成本。同时，有鉴于日本绿色采购网组织的实施成效，欧盟也成立了欧洲绿色采购网络组织。第三，发展绿色金融，将信贷、保险等市场化手段与政府投资结合，促进绿色信贷流合理流向技术创新。欧盟成员国德国是绿色信贷的发源地之一，将企业绿色创新项目信贷发放与环保部门的认证结合，促进绿色信贷资源合理配置。通过政府引导、市场化筹资等成立环境保护基金，为企业重大绿色技术创新项目提供资金。

（二）绿色技术创新组织机制

绿色技术创新各个参与主体差异化的组织机制和联系形式，形成了各具特色的绿色技术创新组织体系，构成不同的产学研合作机制。绿色技术创新体系，是创新过程中各个主体集合所形成的一个系统，包括政府、企业、高校和科研机构、科技中介机构、社会公众等创新主体，以及人才、资金、技术等要素，共同输出绿色技术、产品和服务，推动绿色经济。

1. 美国

美国绿色技术创新体系能够最大化企业作为创新主体的作用，在政府的推动引导之下，企业间形成高效的市场化竞争合作机制。"政产学研"是美国构建绿色创新体系的经典模式，主要包括政府、企业、高校、各类科研机构以及中介服务机构等，这种模式能够高效地促进各类创新主体发挥作用，加强它们之间的联系，形成一个网络化的有机整体。根据经济发展阶段及其创新战略的演变，美国绿色技术创新体系的组织机制划分为传统模式和创新模式两大类，传统模式包括经典的产业/大学合作研究中心、工程研究中心和产学研合作教育等。比较典型的创新型模式有创新实验室、创新共同体、全球可持续创新企业研究中心等，见表4-1。

表 4-1 美国绿色技术创新组织机制

组织机制	具体组织	特点
传统模式	产业/大学合作研究中心（I/UCRC）	混合型组织模式，包括研究单位、企业和研发联盟
	工程研究中心（ERC）	由美国国家科学基金会（NSF）提供启动资金以及科技信息等，企业、政府慈善机构等对其投资，高效培养科技人才、搭建科学研究室等
	产学研合作教育	利用企业、学校、科研三个单位，有企业孵化器模式、科技工业园区模式、专利许可和技术转让模式等
创新型模式	创新实验室	科研机构、大学和学院跨部门、跨学科的资源整合起来建立联合沟通平台
	创新共同体	由小微企业、科技园区、大学与学院、联邦实验室共同组成的产学研合作组织，为了强化小微研发型企业的产学研合作
	全球可持续创新企业研究中心	该模式通过和企业、政府以及其他学术机构展开合作，寻求企业创新与可持续发展等

（1）传统模式

产业/大学合作研究中心：它是一个有组织的半独立的研究单位，存在于大学中但不属于任何科研机构，所以比单个科研机构能够更好地进行资源配置。该模式是一种复杂的混合型组织模式，包括研究单位、企业和研发联盟，通过鼓励多学科整合、跨越部门召集科研人员进行针对性的研究，已经成为美国规模最大、最成功的产学研协同创新联盟模式。该模式主要由有组织的研究单元、产业机构和研发联盟联合组成。其中，有组织的研究单元是单独设立在大学内部的研究单位，虽然不属于某个院系，但它通过一定的激励措施整合创新资源，鼓励跨学科的研究人员参与研发。产业机构是由多个企业组成的协同创新联盟，这样的产业机构成员既可以是同行业的企业，也可以是同一产业链上下游的企业。研发联盟是由科研机构、大学和国家实验室等机构的科研人员联合组成的研发机构。

工程研究中心：美国工程研究中心是美国政府和企业联合资助在大学内创办的机构，以政府引导、高校实施、企业参与为组织架构。具体而言，工程研究中心的资金主要来源于美国国家科学基金会提供的基础研发资金，以及相关企业和政府金融机构的投资，而中心系统内的研究型人才则由高校进行培养，同时高校还要筹备科学研究的场地以及设备。

产学研合作教育：美国推行合作教育的目的是通过企业、高校以及科研院所等共同的交流合作，培养出一批具有创新精神的复合型人才，因为三类创新主体能够为之带来不同的教育资源，在为创新人才提供理论基础的同时，给予其科学实践的机会，大大提升了人才培养的质量及效率。美国在产学研合作教育模式上也积累了大量的经验，这类模式从实现科技成果转化的角度促进了美国经济发展，具体包括建设企业孵化器模式、科技工业园区模式以及专利许可和技术转让模式等。其中，企业孵化器模式是以帮助小企业和初创企业为目标的产学研合作模式，例如，美国乔治亚理工学院成立的"最新技术开发中心"机构扶植了近50家小企业；科技工业园区模式的特点在于弱化科研机构、大学和企业之间的界限，加强产学研之间的合作，著名的例子有硅谷（Silicon Valley）科技园、波士顿（Boston）128号公路高新技术开发区和北卡罗来纳（North Carolina）金三角科技园。

（2）创新型模式

创新实验室：美国创新实验室是孵化器，这是为了突破传统实验室的缺陷，联邦政府把科研机构、大学和学院跨部门、跨学科的资源整合起来建立联合沟通平台，通过市场需求逆向推导出新的创意，同时把创意转化为现实。美国创新实验室有科研机构和大学的创新实验室和企业的创新实验室之分，其中最著名的要数哈佛大学的创新实验室，这是一个为学生提供创业空间、专业导师辅导和共享交流平台的校园孵化器，同时定期对公众开放实验室资源。

创新共同体：所谓创新共同体是指美国政府为了强化小微研发型企业的产学研合作，由小微企业、科技园区、大学与学院、联邦实验室共同组成的产学研合作组织。其中，小微企业的特点就是各企业之间的创新差异性很大，它们具有很强的商业敏锐力，但相较于大型企业，小微企业也存在劣势，如融资能力不足、产业化进程缓慢等。科技园区的建设是为了将区域内的各类实体联系起来，包括研发孵化器、独立孵化器这类科技型运营体系，以及实现技术成果转化、商业化开发应用和推动经济发展的其他领域的合作伙伴。大学与学院、联邦实验室主要承担了研发的责任，前者可分为获得美国国家资助的大学和在区域内进行科学探究的研发机构，后者可分为由联邦政府创建或支持的实验室及研发中心和其他由政府或政府部门租赁或拥有的研发中心。

全球可持续企业创新研究中心：全球可持续企业创新研究中心是可持续发展战略框架下的技术与商业创新模式。该模式通过和企业、政府以及其他学术机构展开合作，寻求企业创新与可持续发展、企业的盈利目标与社会责任、企业视角的可持续发展与人类社会视角的可持续发展的结合点，鼓励有利于企业和社会可持续发展的创新活动。

2. 日本

"二战"后的日本经历了"贸易立国"到"技术立国"，再到"科技创新立国"的发展之路。发展之初，日本不断吸收和模仿其他国家的先进技术，形成技术积累，为实现技术追赶和超越奠定基础，最终成为技术领先的创新型国家。日本的绿色技术创新体系主体主要包括政府、大学、企业、民间兴办的科研机构四种，是一种"政产学研"一体化的科技创新体系。在日本的国家创新体系中，政府一直处在主导地位，而对国内创新活动也是采取积极引导和重点扶植的强干预政策，所以日本属于典型的具有政府主导型创新体系的国家。"政府强干预"和"政产学研一体化"的科技创新体制是其显著特征。日本产学研合作比较典型的模式有技术研究组合和学术研究城等。

技术研究组合：技术研究组合制度是日本政府和企业为了达到共同的研发目标、实现科技成果转化，而设立的一种独立法人资格组织制度。"技术研究组合"是由政府牵头，联合各类企业和相关科研院所，对具有实用意义的关键核心技术进行长达10年以上研发的一种模式，这种模式能够将产学研紧密联系在一起，有利于日本实现技术创新超越，加快其投资和贸易的自由化进程。具体举例来说，通商产业省（现经济产业省）作为日本产业界影响力最大的综合性政府部门，就通过促成"超大规模集成电路（VLSI）技术研究组合"，开展对半导体的技术研究，为日本半导体产业的发展奠定了基础。

学术研究城：日本北九州市（Kitakyushu）为工业发展提供知识基础，成立北九州学术研究城，学术研究城内有3所理工类大学、60余家企业与若干研究机关。为了开展独具地域特色的产学研合作模式，市政府还在研究城内搭建了应用于产学研发展的联合设施，并成立财团法人北九州产业学术推进机构（FAIS），协调产学关系，以支持国内外大学与研究机关进行研发，加强企业与大学的合作关系，提高研究城内的资源利用率。此外，北九州市政府也在不断完善和保护知识产权，推出相应的政策制度，最大化保证研究成果的转化。

3. 德国

德国的绿色创新体系走在世界前列，其高效运转以及成功发展源自政府、经济界、学界与社会各界不同参与者之间的相互协调。在德国科研文化传统以及联邦制政治体系的影响下，德国形成了多元的国家创新体系，具体体现在开拓了多样化与高度专业化的研发领域，拓宽了涉及政治、经济以及社会各界的全方位合作领域。正是因为体系内存在专业的中介服务机构、特别的双重教育体系、定位清晰的公共科研体系以及先进的企业创新生态系统等，德国的科研事业才能稳固发展、健康增长。德国绿色技术创新的产学研合作模式比较典型的有创新联盟和产业集群。

创新联盟：德国的创新联盟重点培养能够向市场推广的创新技术或产品，联盟需要大量的资源为此提供支持。在人才需求方面，由于创新技术最终需要面向市场，因此联盟需要来自不同领域的优秀人才，例如，科学界与经济学界的领军人物等，其目的是不断提高联盟水准并且扩大联盟影响力；在资金需求方面，联盟拓宽了资金获得渠道，除了政府项目的资助，联盟也可以通过各种融资方式实现自我筹备，大大提高了融资的效率。德国政府一直致力于推进产业技术创新联盟的发展，具体措施包括制订符合联盟发展要求的各类计划，例如，联邦经济技术部支持的创新联盟计划、国家高技术战略框架中的创新联盟促进计划以及支持中小企业研究联盟的创新网络计划等，这些计划涉及多领域、多层次，有利于产业联盟的全方位发展；给予联盟引导和支持，政府为联盟提供了良好的外部发展环境以及必要的资金支持，为联盟的稳固发展提供了强有力的后盾；为创新主体提供发展的平台，如创立合作联盟网站，各类创新主体能够密切合作，同时也能通过平台为产业的发展提供具体服务，这都有利于联盟内的主体积极投身建设和发展联盟的未来事业。

产业集群：德国在促进科技进步这方面，深谙产业集群的重要作用。德国联邦政府和州政府自1995年以来，为推进产业集群的建设推出了一系列扶持政策，最大限度地发挥集群网络化的组织结构优势，促进集群内企业的交流合作，增加企业与政府机构的互动，这样的合作创新能够为形成重点产业提速。集群作为高科技战略的重要组成部分，形式多样、发展前景良好，对德国前瞻性项目做出了重要贡献。由来自知名研究机构、大学、企业和区域代表组成的超过350家合作伙伴，在这些集群里组成创新联盟，进行合作研发。这些集群也吸引了众多中小企业的加入，以及那些快速增长的年轻企业，特别是那些在优势集群中寻找理想框架条件的企业的加入。这些集群，即使位于外围地区，仍然是至关重要的增长引擎。

（三）绿色技术创新政策

美国政府强调市场在绿色技术研发、转化和产业化中的作用，注重政策的协调机制。例如，在开发太阳能电池计划中，政府分别选择一批企业从事生产技术、开发材料以及采光系统的研发，鼓励大型与高风险的初创小微企业间竞争[3]。美国财政补贴政策，不直接干预企业竞争，往往采用税收减免等方式，对企业进行补贴。美国将对外贸易政策与绿色技术创新协同，强调绿色创新的经济效益。通过扩大绿色技术产品、服务等出口，扩大环保市场空间，同时提高本国进口的环保标准，实现本国贸易与绿色技术创新的同步发展。

相对于美国政府的协调功能，日本政府的态度更倾向于"干预"。日本政府在绿色技术创新中更多采用干预型政策。面对绿色技术创新中的市场失灵，政府认为干预政策能够做出更为有效的长期、战略性投资。例如，在新能源开发计划中，日本政府按照一定标准，筛选出部分大企业，进行联合研发。日本的财政补贴多采用直接拨款等直接补贴方式。

欧盟则介于美国与日本之间，强调市场经济、政府调控与社会保障三者的结合模式，采用较为温和的政策，缺乏类似美国的发展高科技所必要的敢于冒险的企业家精神和风险投资机构的支持。欧洲的环境政策侧重于经济措施与其他措施的配合，通过税费等制度设计，如实行废水排污收费制度、征收废物处置税等，取得较好的实际效果。

通过绿色技术的创新模式、创新组织机制和创新政策三个维度的分析，总结绿色技术创新体系的特征（见表4-2）。整体来说，三个区域的绿色技术创新体系大致由研发主体、要素以及战略规划、配套政策等组成。但政府与市场的关系表现出不同的地位，形成了不同的创新模式；企业、科研机构、政府等绿色技术创新主体采用不同协作模式，表现为不同的绿色技术创新组织；由于政策目标差异，在政策工具选择上也表现出不同特征。

表4-2　美国、日本与欧盟绿色技术创新体系比较

经济体	绿色技术创新模式	绿色技术创新组织机制	绿色技术创新政策
美国	政府推动与市场拉动模式	在政府的推动引导之下，企业间形成高效的市场化竞争合作机制。具体模式划分为传统和创新两大类：传统模式包括经典的产业/大学合作研究中心、工程研究中心和合作教育等；创新模式比较典型的有创新实验室、创新共同体、全球可持续创新企业研究中心等	注重政策的协调机制
日本	制度设计与产业转型结合模式	"政府强干预"和"政产学研一体化"的科技创新体制是其显著特征。比较典型的模式有技术研究组合和学术研究城等	干预型
欧盟	基于政策调控的市场主导模式	有无所不在的专业化中介服务机构、定位清晰的公共科研体系、独具特色的双重教育体系、健康的企业创新生态系统等。比较典型的有创新联盟和产业集群	强调市场经济、政府调控与社会保障三者的结合模式，较为温和

二、我国实践发展

绿色技术指能减少污染、降低消耗、治理污染或改善生态的技术体系。绿色技术创新通过提供创新的绿色产品、工艺、服务和市场方案，减

少资源消耗、降低生态环境损害，为实现绿色发展提供了重要的动力支持。当前，世界正面临新一轮科技革命和产业变革，国际产业分工格局正在重塑，绿色发展是推动经济高质量发展的题中应有之义。因此，本节从绿色发展的理念出发，分析我国重点领域和先进城市践行绿色发展的现状，探讨其存在的问题和面临的挑战，在此基础上确定我国绿色技术的发展方向和内容。

（一）重点领域绿色发展分析

党的十九大报告提出的绿色发展理念倡导绿色生产体系和绿色生活方式，提出以绿色技术创新为驱动力，以绿色制度建设提供机制保障，以绿色生活方式提供社会支持，全面推动我国经济社会实现绿色转型。为此，本节将从绿色生产和绿色生活两个方面，总结我国近年绿色发展的现状和趋势，分析绿色发展的薄弱环节，为确定我国重点领域绿色发展的优先点和着重点提供重要信息。

国家发展改革委发布的《绿色产业指导目录》，把绿色产业划分为节能减排、生态环境保护、资源循环利用等多个领域。国务院印发的《国家中长期科学和技术发展规划纲要（2006—2020年）》中，将科学技术发展的重点领域定义为"在国民经济、社会发展和国防安全中重点发展、亟待科技提供支撑的产业和行业"；将优先主题定义为"在重点领域中急需发展、任务明确、技术基础较好、近期能够突破的技术群"。本章参考《绿色产业指导目录》的绿色技术重点领域划分，以及《国家中长期科学和技术发展规划纲要（2006—2020年）》对科技发展重点领域和优先主题的界定，总结农业和工业领域绿色发展以及绿色建筑、绿色交通和绿色消费的进展情况。在总结工业绿色发展时，对采掘业、煤化工、石油化工、电力、钢铁、再制造、节能环保等重点行业和绿色制造、清洁生产、工业水资源节约利用等重点领域分别进行描述。

1. 农业绿色发展

（1）总体情况和成效

传统农业模式给环境保护带来了巨大的压力，其陈旧的发展方式现已不再适应绿色发展的要求，目前我国农业面临着许多环境问题，例如农业污染严重、农业生态系统破坏以及资源环境趋紧等，农业绿色转型迫在眉睫。2001年以后是我国农业的快速发展时期，为了加快农业绿色发展的步伐，2005年国家部署了总体战略，为我国农业绿色发展指明了方向。在具体规划部署方面，中央一号文件、党的十九大报告以及中央农村会议中都对农业发展提出了详细的要求，包括推动农业供给侧结构性改革、增强农业可持续发展能力等，这都有助于农业发展质量的提升。中共中央办公厅、国务院办公厅更是在2017年发布了《关于创新体制机制推进农业绿色发展的意见》，这里面对农业绿色的发展提出了更加明确的规划路线。同年，农业农村部启动实施了畜禽粪污资源化利用、果菜茶有机肥替代化肥、东北地区秸秆处理、农膜回收行动、耕地质量保护与提升等一系列行动，探索建立农业资源环境生态监测预警机制，标志着中国农业进入全面绿色发展阶段[4]。

近年来中国绿色农业发展取得了很大的成效。资源利用更加节约高效，在土地资源方面，土地资源得到休养生息，耕地利用强度降低，耕地养分含量稳中有升，全国耕地平均质量逐步提高；在水资源方面，农田灌溉水利用率提高，全国万元农林牧渔业增加值用水量不断减少，整体来说，农业用水越来越高效。绿色农产品质量得到改善，例如，绿色食品发展迅速，这表现在全国有效使用绿色食品标志的数目越来越高，以及原材料标准化生产面积、产地环境监测面积不断扩大。农业产地环境和生态服务能力得到提升，根据《中国农业绿色发展报告2020》，在环保资源利用上，三大粮食作物的农药化肥使用量实现零增长，大大提高了农药化肥的利用率；秸秆综合利用连年增长，高达86.7%，畜禽粪污资源化利用率达

75%以上；在防污治污上，"白色污染"得到有效控制，农膜回收达80%，地膜使用和覆盖面积也在不断减少。在绿色技术创新方面，认定了16个长期固定的观测实验站，筛选了10项地区农业绿色发展技术集成模式；此外，重要农业资源台账制度得到业务化试运行，政务办农业资源共享平台完成研发，这都为未来农业绿色发展夯实了基础[5]。

（2）面临问题和挑战

我国农业的绿色发展目前仍面临一些问题，主要体现在以下几个方面。

一是绿色农业标准体系不健全。绿色农业对产地环境、生产规范、投入品、产品质量、安全限值、检测方法、包装标签、储存运输等方面有更高的要求。我国与发达国家的差距具体体现在环境面源污染综合防治标准有待提高，以减少污染物为目标的质量控制标准仍需完善，农兽药等有害因素残留限量及配套检测方法尚为落后等，还有关于农产品的采后商品化标准及其储运技术标准与产销衔接需求矛盾的问题也逐渐显露出来，绿色农业标准体系亟待健全。

二是绿色农业市场流通和监管体系不完善。目前，我国绿色农业市场体系还存在市场流通不畅、监管不严等问题。在市场流通方面，偏远的农村地区凭借良好的生态环境条件成为我国大部分绿色农产品的生产选地，但也正是因为远离消费市场，农村道路建设相对落后，使得农村的交通运输难上加难。而且由于农产品大多容易腐烂变质，运输过程中损耗率也极高，冷链物流并未在偏远农村地区实现全面推广，产地的绿色农产品就很难推售出去，很大程度上制约了绿色农产品市场的扩大。在市场监管方面，我国缺乏对绿色农产品市场的监管，相关体制建设也尚未成熟，绿色农产品从产地到餐桌全过程质量监控追溯体系的应用仍处于试点阶段，这导致市面上绿色农产品的质量参差不齐，并不利于绿色农业的可持续发展。

三是绿色农产品科技发展欠缺。农业发展离不开科技支撑，而目前我国绿色农业发展仍存在科技支撑乏力的问题。近年来，我国农业的科技进步贡献率有所增长，但是相较于发达国家仍有较大的差距，例如，我国有关绿色农业的新技术和新模式一直难以得到推广应用，绿色农产品的新品种困于研发，很大程度上受限于科技成果转化渠道以及科技服务体系[6]。

（3）农业绿色技术重点领域的确定

根据我国农业绿色发展现状、发展趋势和存在问题，确定如下领域为今后农业绿色技术创新的重点方向。一是绿色投入，如环保高效肥料、高效低毒低残留生物农药以及现代生物育种等；二是绿色生产，如畜禽重大疫病防控与高效安全养殖综合技术、农业节水绿色环保新型材料与制剂、新型可降解地膜、农田精量控制灌溉技术与装备、化肥农药减施增效综合技术、秸秆和畜禽粪便综合利用技术、智能农机装备等；三是绿色产后增值，如农产品低碳减污加工贮运技术、智能化精深加工技术；四是绿色资源养护，如农业面源污染和重金属污染农田综合防治与修复技术、水生生态保护修复技术等；五是绿色农业信息化，如农业个性化云服务技术、农业大数据可视化技术、农业物联网组网技术等[4]。随着绿色农业发展的进一步深入，我国农业对增产增效、资源节约、环境友好型技术装备的需求将增大，对科技创新的需求将越来越大[7]。

2. 工业绿色发展

（1）总体情况

随着各国工业化进程的加快，"补绿色短板"已成为世界各国工业发展普遍面临的问题，中国也迫切需要加快推进工业绿色发展①。2000年以来我国已进入新一轮工业革命的开端，从单纯强调节约能源资源利用，到建设新型工业化道路，中国工业不断深化高质量绿色发展的进程，绿色

---

① 资料来源：史丹《以供给侧结构性改革推进工业绿色发展》。

低碳、智能高效成为工业发展的大方向。2015年国务院颁布的《中国制造2025》规划提出了建设生态文明，必须全面推行绿色制造，对中国工业绿色发展产生了更有力的推动。

中国的工业绿色发展道路提出了高效、清洁、低碳、循环的要求，其发展的重点是不断提高工业清洁生产水平、提高资源能源利用率，加大对传统工业的绿色改造，而在此过程中，需要不断推进绿色技术创新，以技术为依托大力发展绿色制造业，通过构造绿色制造体系、建设绿色制造工程，推动绿色工业产品、工厂、园区以及供应链的全方位发展[8]。在能源利用效率提升方面，以六大高耗能行业为重点开展节能减碳工作，降低单位产品能耗，提高绿色低碳能源比重。在资源利用水平提高方面，提高水资源利用效率，提高大宗工业固体废物综合利用率。在清洁生产水平提升方面，需要关注的重点行业包括钢铁、水泥、造纸等，在行业内推广适用性强的清洁生产技术和装备，能够减少工业污染物排放，有效提高工业清洁生产水平。在低碳发展方面，对重点行业实行低碳转型试点示范，提高绿色低碳能源比重，研发二氧化碳捕集、利用与封存技术。在绿色制造方面，增加绿色产品供给，建立绿色制造标准体系，主要产业初步形成绿色供应链。经过积极的努力，中国工业绿色发展取得了显著的成效，全国规模以上企业单位工业增加值能耗和水耗下降，工业清洁生产和资源综合利用水平不断提升，绿色制造产业保持持续较快增长，工业绿色发展取得积极进展[9]。

本节主要描述各重点行业和重要领域绿色发展内容，包括绿色发展现状、存在问题和发展趋势，为工业领域绿色发展重点技术的选择提供参考依据。首先根据行业绿色发展的重要性，分别描述近年来采掘业、煤化工行业、石油化工行业、电力行业、钢铁行业的绿色发展情况。《中国制造2025》提出把绿色制造作为五项重点工程之一，将能效提升、清洁生产、节水治污、循环利用作为传统制造业技术提升的重要内容，因此本节从制造业中细分出再制造行业和节能环保行业，分别描述这两个行业的绿色发展情况。清洁生产是绿色发展的一个重要内容，其涉及各工业行业清洁生产的内容单独在清洁生产领域中描述，涉及跨行业具有共性的大气污染、水污染和固体废弃物处理的内容则统一列入节能环保行业绿色发展内容。低碳工业对于中国温室气体排放控制具有重要的意义，水资源节约对于资源节约型社会的建设也意义重大，因此也分别单独叙述。

（2）分行业情况

1）采掘业

采掘业绿色发展主要体现在资源开采效率的提高，应用于国内大中型矿山的采选水平不断提升，特别是在技术装备、智能信息化采矿方面取得明显的进步。在技术装备方面，低品位与复杂难处理资源高效利用技术、无废开采技术、高效自动化选冶新工艺和大型装备、深层和复杂矿体采矿技术等技术的发展取得一定成效。煤矿清洁化智能开采技术有重大进展，煤矿开采关键技术及成套装备取得突破，智能化开采技术装备已达到国际先进水平，煤炭地下气化已具备规模化工业生产水平。铁矿、铬矿、锡矿、铜矿、铅锌矿、铝矿开采方面的研发推广了高效节能选矿新技术、矿石综合回收、低品位矿和伴生矿利用、高效清洁利用技术等。不过，目前还存在全国矿山技术水平不平衡的现象，需要进一步提供矿产资源开采效率，减轻对环境资源的压力。

2）煤化工行业

经过多年的创新与发展，我国煤化工技术取得突破性进展，煤炭清洁高效利用取得了很大的进展。清洁化燃料原料生产实现多项重大创新，液化技术向高效化和高端化发展，煤制烯烃、芳烃技术也有了突破，煤炭利用原料和燃料并重的格局正在形成。清洁煤化工也有了重大进展，实现了煤间接液化制油的产业化生产。

但是，我国煤化工行业还存在上升的空间，目前，行业整体上仍处在升级示范阶段，在大规模实现产业化上略显吃力，系统集成水平和污染控制技术还需攻克,生产稳定性和经济性无法保证。关键技术,尤其是大型产业化成套技术和重大装备创新仍需加强,在降低"三废"排放强度,提升"三废"资源化利用水平,推动末端治理向综合治理转变方面仍需努力[10]。

3) 石油化工行业

石化行业属于高能耗产业,能源不仅是动力和燃料,也是原料。能效提高和污染物减排是该行业绿色发展的重要内容。节能方面,持续不断的技术创新使我国部分石化行业领跑者企业的能效水平居于世界前列,但是,在重点能耗产品上,我国平均能效水平总体上还是与先进国家之间存在一定的差距,并且行业内大部分企业的能效水平仍与领头羊企业存在较大差距。目前,石油和化工行业普遍面临先进、节能效果明显且易于推广的节能技术逐渐缺乏的突出问题,迫切需要研究开发高效节能的关键技术。

污染物减排方面,石化行业大气污染分布广、总量大,无组织排放占比大,挥发性有机物(VOCs)是首要的大气污染物。为适应绿色发展的需求,石化行业开始重视减少大气污染物排放,为此提出了相应的措施,主要有自我开发或是引进大气污染防治技术、建立自查监控制度等,但也存在不足,主要在于石化行业挥发性有机物排放的控制水平还比较低,如对污染物排放缺乏有效的控制手段,在监测排放上也没有形成高效的技术手段。在石化行业,挥发性有机物的排放无规则,且排放途径复杂繁多,而针对不同的排放途径必须采取不同的方式,大大加重了对其排放控制的难度,这就是未来技术需要突破的重点之一。

石化行业是"水十条"明确要求的污染控制与节水重点行业,废水产生量大、水质特征差异显著,常含有高浓度有毒、难降解有机物,水污染治理已经成为制约石化行业可持续发展的瓶颈因素,也是未来技术创新的难点和重点领域。

4) 电力行业

电力行业绿色发展主要体现在节能改造、污染物减排和可再生能源发电等方面。节能改造和污染物减排卓有成效。自2015年始，我国全面实施燃煤电厂超低排放和节能改造工程，计划在2020年全国所有具备改造条件的燃煤电厂实现超低排放，有条件的新建燃煤发电机组达到超低排放水平，技术改造电厂的烟尘、二氧化硫、氮氧化物排放指标能够低于其他燃气电厂，大幅减轻煤炭燃烧对于大气环境的影响。至2021年年底，煤电以不足50%的装机占比，生产了全国60%的电量，承担了70%的顶峰任务，我国实现超低排放的煤电机组超过10亿千瓦、节能改造规模近9亿千瓦、灵活性改造规模超过1亿千瓦[1]。

可再生能源发电方面，可再生能源发电量稳步增长，我国的风力发电、光伏发电和光热发电有了显著的进步。2021年年底，可再生能源发电量达到24800亿千瓦时，占全社会用电量的29.8%。就风电来说，我国风电并网容量已占全部发电装机容量的13%，风电年发电量占全部发电量的7.5%，风电市场规模迅速扩大。风电设备制造技术和智能化水平进一步提高，陆上风电技术已达到世界先进水平。不过，从产业链来看，我国风电行业技术水平依然参差不齐，与发达国家相比，技术创新能力依然不足。就光伏发电来说，中国已成为全球光伏发电装机第一大国和产能中心，近10年间规模效应和技术创新效应明显降低了中国光伏发电的成本，但是随着国家对光伏产业的补贴逐年下调以及2021年提出"平价上网"政策，光伏产业仍需要通过进一步的技术创新降低制造端和发电端成本，提高电网消纳能力，提升系统利用小时数，以获取更高收益。光热发电是一种储热型的可再生能源发电形式，以相对较低的成本实现大规模储能。目前，我国已经具备了光热发电规模化的发展条件。首先，我们对光热发电有了一定的技术把握，多家公司已经获得相关的技术或产品专利；其次，光热发电产业的建设上，试验装置和试验工程已投入应用，光热发电的全产业链已经生成，相关设备和材料也可以不全依赖进口，国产化率高达90%。我国自主研发的太阳能光热发电技术突破了西方的技术封锁和垄断，进入世界领先科技行列。

今后,电力行业绿色发展将继续调整能源结构,增加水电、风电和太阳能发电的比例,现有环保装置将继续按照提高排放限额,提高除尘效率、脱硫效率和反硝化设施的工作效率。

5) 钢铁行业

钢铁行业属于资源、能源密集型产业,由于存在大量的能源消费,且容易产生大量的工业固废,加上我国铁矿石大部分又依靠进口,这些都加快了能源资源的损耗,同时也加重了生态环境的负担。新时代工业经济高质量发展的重任就是不断加快推进钢铁工业绿色发展。近年来,我国在发展绿色钢铁工业上也卓有成效,建成了完整的钢铁工业体系,采用了"三干三利用"的先进节能减排技术,绿色制造按照低消耗、低排放、低污染的要求推进,并取得了突破性的进步。目前,我国钢铁行业的节能环保水平已经能进入世界先进行列。在减排上,部分工业污染物的排放,如废水、二氧化硫以及氮氧化物等已经达到国际领先水平,尽管不少钢铁企业在节能环保方面取得明显的进展,但就整体而言,我国钢铁行业的绿色发展依然有很大的进步空间。

在生态文明建设的大背景下,钢铁工业已经进入减量发展的阶段,绿色发展成为钢铁未来发展的主要方向。在未来,钢铁行业的绿色进程,应该围绕制造全流程、产品生命全周期、产业全方位发展的主题展开。具体包括以下三个方面,一是对绿色化改造进行升级,应用先进绿色制造技术,进一步提升行业资源能源利用率以及清洁生产的水平。二是充分发挥行业绿色工厂的标杆示范作用,鼓励耦合发展,加强城市与钢铁企业与电力、化工以及建材等其他产业的交流合作,从整体上带动行业的绿色发展进程。三是不断完善制度和标准的制修订。鼓励制定严于国家标准的企业标准,提升钢铁行业绿色发展标准化水平[12]。

钢铁行业的绿色发展需要聚焦如下技术领域:明确钢铁行业的绿色技

术规范及其环保标准,首先是改进钢铁生产工艺和污染排放技术,以实现清洁、高效、可循环的目标;其次是强调智能改造和管控,主要涉及钢铁制造过程的环境风险源及污染源、厂房周围地区空气质量及水质的监测,将防治污染、产业升级与智能制造紧密联系在一起,提高了行业绿色发展的科学性。开发优质、高强、长寿命、可循环的绿色钢铁产品。打造绿色生态链,形成绿色物流、绿色采购、绿色生产、绿色营销为一体的绿色生态链。促进产城融合发展,消纳城市废钢、废塑料、城市污水等生活废弃物,向城市居民供热送凉[13]。

6)再制造行业

再制造行业本身是绿色行业。该行业主要以废旧机电产品的零部件为生产毛坯,对其进行专业化修复或升级改造,使其质量和性能都不低于原型新品水平,具有巨大的资源与环境效益。我国已初步形成"以尺寸恢复和性能提升"为主要技术特征的中国特色再制造产业发展模式。再制造生产手段、产品质量以及产业链条的进步离不开系列高新技术的支撑;互联网技术的发展大大提高了再制造系统规划的效率,为完善再制造逆向物流体系提供了基础;大数据、云计算技术能够为再制造产品健康寿命的监测与测算提供有效服务。纳米电刷镀技术、高效能超音速等离子喷涂技术等表面工程技术,以及激光熔覆、3D打印等增材技术应用日趋广泛[14]。

2010年工业和信息化部启动再制造产品认定工作,这有助于再制造产品的推广,为公众进行购买提供了积极的引导。截至2019年年底,有关部门已经分批次对国内70余家企业的上万个型号的再制造产品进行认定,共包含11个产品类别,主要有工程矿山机械、办公设备、汽车零部件、电机等。

未来,再制造行业的重点发展领域将围绕以下展开:以形成行业优质技术群为目标,推进再制造先进技术研发和应用,主要关注先进的再制造设计技术、再制造毛坯寿命评估技术、复合表面工程技术和智能化再制

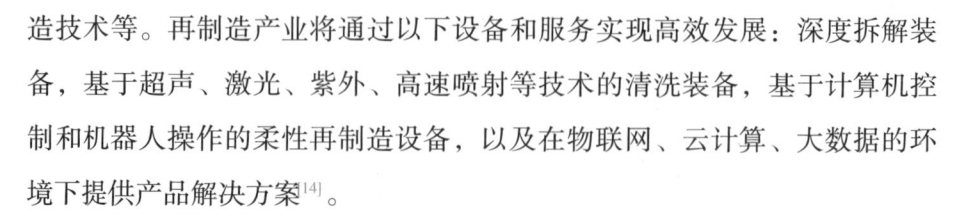

造技术等。再制造产业将通过以下设备和服务实现高效发展：深度拆解装备，基于超声、激光、紫外、高速喷射等技术的清洗装备，基于计算机控制和机器人操作的柔性再制造设备，以及在物联网、云计算、大数据的环境下提供产品解决方案[14]。

7）节能环保产业

节能环保产业是典型的绿色产业，产业本身就代表了绿色发展的方向。2018年，国家统计局在《战略性新兴产业分类》中，将节能环保产业分为高效节能、先进环保以及资源循环利用3个细分产业，总共涉及23个细分行业。《"十三五"节能环保产业发展规划》明确提出了发展的主要目标，2020年，节能环保产业要成为国民经济的一大支柱产业。不断提升质量与效益，才能实现产业发展提速，进而加快促进产业的转型。要大力推广高效节能环保产品，以提高其市场占有率，同时也要实现关键核心技术突破，基本形成相关的政策制度体系等。根据"十四五"规划和二〇三五年远景目标建议，培育壮大节能环保新兴产业，提高产业链供应链现代化水平，是强化经济高质量发展的战略支撑。实施战略性新兴产业集群发展工程，在节能环保领域，培育一批特色鲜明、优势互补、结构合理的战略性新兴产业集群，加快补齐生态环境领域的短板，扩大对战略性新兴产业的投资。

近年来，我国节能环保产业发展取得显著成效，技术装备水平大幅提升，产业规模快速扩大。高效燃煤锅炉、超低排放燃煤发电机组、高效电机、除尘脱硫、生活污水处理（膜生物反应器及高压压滤机）、余热余压利用、绿色照明等装备技术水平和供给能力国际领先。产业集中度提高，形成了一批节能环保产业基地[15]，节能环保产业已经在节能、大气和水污染、土壤污染、危废处理处置、资源循环利用等领域，形成了涵盖设备、咨询、运营维护等多元化产业格局。

在能效提高方面，2018年《重点用能单位节能管理办法》明确了节能管理措施、奖惩措施、法律责任等；《2018年工业节能监察重点工作计划》指出监察工作重点围绕石化、化工、造纸这些高耗能行业展开，有助于重点行业和区域能效水平的提升。未来，中国工业领域能效提高有两大趋势[16]。第一，工业节能空间不断缩小，得益于一系列有效措施的实施以及行业能效提升的行动力。第二，工业领域电气化水平将进一步提升，电能成为能源供应和消费主体，工业流程电气化是工业领域电能对化石能源替代的重要环节。因此，未来能效提高工作应该围绕技术进步、系统改造以及数据化管理展开，支持重点高耗能行业应用高效节能技术以使工艺进步；进行系统节能改造，如推广高效节能锅炉、电机系统等通用设备；创建重点用能企业能源管控中心，加快行业绿色数据建设，有助于能源管理信息化水平提高。

从水污染处理来看，工业废水的污染结构复杂，处理难度高，对技术要求更高，技术创新突破不容易，近年来没有出现重大的技术突破，技术创新一般都是小的改进；污水处理厂的污水处理技术，近年来的技术创新主要集中在处理工艺的优化和污水资源回收利用等。

从大气污染防治来看，主要涉及烟气脱硝、湿法脱硫等大气污染物脱除技术的改进和创新，正在努力解决难度更高的大气污染问题，包括重点行业推进挥发性有机物（VOCs）排放减少。减少挥发性有机物的技术主要有三类，一是原料替代，二是通过技术改造降低挥发性有机物排放量，三是回收及综合治理。近年来，我国取得了快速的进步，但是主流治理技术和新治理技术都在不断地完善过程中。

从污染场地修复来看，我国工业污染场地修复市场具有巨大的发展潜力。据统计，我国仅因工业发展而导致的污染场地高达50万块，并且还有3.9亿亩①农业耕地、220万公顷矿山待修复，污染场地修复市场估值接近100000亿元。根据《水污染防治行动计划》（简称"水十条"）重点工程任

---

① 一亩约合666.7平方米。——编者注

务量测算，预计在全社会投资约为46000亿元，工业环保领域在其中占了相当一部分的比值，仅工业危废处理一项每年的市场空间就接近2000亿元[17]。

从工业固废综合利用来看，近几年国家推进了资源综合利用示范工程项目，实施资源再生利用重大示范工程，废钢铁、废有色金属、尾矿、粉煤灰、煤矸石、冶炼废渣、工业副产石膏等大宗工业固废和木浆、废纸等废物资源综合利用规模不断扩大。建材行业对大宗工业固体废物的综合利用规模逐年增加；水泥窑超高温协同处置固废危废技术、装备、标准、污染控制水平等方面已基本成熟和完善；利用大宗工业固废替代天然砂石、作为掺合料、用于新型墙体材料的需求巨大。不过，受到认知、产品标准等方面的制约，大宗工业固废基绿色无水泥熟料或少水泥熟料胶凝材料市场尚未打开，因此，在未来仍需持续推进大宗工业固废综合利用项目的建设。造纸行业对木浆和废纸的综合利用连年增加，不过与主要发达国家和地区相比，我国的废纸回收率仍然较低，存在较大的提升空间。在资源综合利用方面，要实现资源的高效利用及产业规范的发展，通过推广先进适用技术装备应用，实现资源集约化、高值化、规模化再利用，例如可以在具备发展条件的城镇推动水泥窑协同处置生活垃圾，推广新能源汽车动力蓄电池梯级利用和再利用，注重钢铁、塑料等再生资源综合利用等。

从农林生物质综合利用来看，农林生物质资源具有产量大、可储存和碳循环等优点，但在实现综合利用的过程中也存在难题，例如原料转化率低、降解产物组分复杂、产品质量不稳定、能耗高等。对此，近年国内的一些科研团队展开技术研究，取得了多项创新性成果，如纤维素类生物质高效转化利用技术等，为我国生物燃气工程产业化拓宽了原料来源，今后在此方向还需要进一步开展技术创新。

总体上，我国节能环保产业发展与绿色发展目标要求相比仍然存在较大差距，节能环保关键核心技术的发展还不成熟，现有环保企业中的大多数环保设备与发达国家的先进技术水平相差很大[①],但是相关投资增长还是超过了欧美国家,目前,我国节能环保产业发展正处在成长期,拥有巨大的市场潜力。需要加大相关企业核心技术创新力度,加强工业锅炉、电机系统、能量系统优化等节能技术创新,促进大气污染防治、水污染防治、土壤污染防治、城镇生活垃圾处理和危险废物处理处置、噪声和振动控制等环保技术创新,通过技术创新实现源头减量和污染物排放的全过程控制[18]。积极推动节能环保产业与大数据、云计算、物联网与人工智能这类新一代信息技术深度融合,探索实行智慧能源管理、智慧环境监测,促进节能环保产业朝着智能化、信息化方向发展[19]。

8）绿色制造

绿色制造主要体现为绿色发展体系建设。绿色制造以环境为中心,重视资源利用效率与产品生产消费一系列过程对环境的影响。为贯彻落实《中国制造2025》《绿色制造工程实施指南（2016—2020年）》以及《"十四五"工业绿色发展规划》,国家发展改革委自2017年起每年发布一批绿色制造示范单位名单,对具有代表性的企业进行公示,促进绿色产品从设计开发到生产运输一体化,推动开发绿色产品建设,打造模范化绿色工厂,促进典型式绿色园区建设,建立健全绿色供应链及相关产业发展,完善绿色设计平台构建,最终推动绿色制造带动全社会行业发展。在绿色发展体系建设中,绿色工厂、绿色园区、绿色供应链以及绿色设计平台是重要组成部分。绿色工厂创建优先鼓励钢铁、有色金属、化工、建材、机械、汽车、电子信息、轻工、纺织、石化等行业企业申报。同时针对我国现阶段发展国情,将省级以上工业园区作为绿色园区建设重点。绿色供应链的重点示范企业更多属于汽车、通信、电子电器及大型成套装备机械等行业。绿色设计平台建设鼓励机械、电子、化工、食品、纺织、家

---

① 资料来源:史丹《以供给侧结构性改革推进工业绿色发展》。

电、大型成套装备等行业龙头企业作为牵头单位。

今后，在实施绿色化改造升级的同时，多行业、多领域的绿色关键工艺技术或核心共性装备、材料等的技术突破是绿色发展的重点方向。同时，绿色制造和智能制造将加速融合，通过机器人、集成电路、高端数控机床、工业物联网、云计算、大数据、3D打印、生态制造等先进技术智能化应用，提高生产效率，强化产品的全生命周期管理，实现资源的循环利用，提升污染物排放无害化处理过程的效率和能力。这些都与绿色制造中的循环化和集约化节能改造相吻合。

9）清洁生产

清洁生产是将保护环境的核心策略不断落实到产品的生产及服务过程中，以此来达到减少污染物产生的目的。2012年起我国清洁生产已进入循序推进阶段，随着2015年《中华人民共和国环境保护法》修订案的实施，环保标准更加严格，清洁生产对于企业降低环保成本、减少污染物产生排放更加重要。

在国家层次上，工业和信息化部、生态环境部等部门对清洁技术的研发与推广做出重要批示，通过规划污染重点行业，对不同行业推广不同的清洁生产技术，同时以上部门鼓励各行业特别是工业行业进行清洁生产技术研发，做到清洁技术与行业企业紧密匹配，从而推动全部社会行业清洁生产工作。2014年，工信部印发《大气污染防治重点工业行业清洁生产技术推行方案》，提出在钢铁、建材、石化、化工、有色等重点行业企业推广采用先进适用清洁生产技术，实施清洁生产技术改造，大幅度削减工业烟（粉）尘、二氧化硫、氮氧化物、挥发性有机物等大气污染物产生和排放。同年，工信部、财政部等部门印发《高风险污染物削减行动计划（2014—2017年）》，要求涉汞、铅和高毒农药的生产企业对清洁生产关键工艺和薄弱环节进行评估，加快实施汞削减、铅削减和高毒农药替代清洁生产重点工程。2015年，工业和信息化部出版了《工业清洁生产关键共性技术案例（2015年版）》，优选了12个重点行业70个典型清洁生产技术案例。2016年，工业和信息化部、环境保护部（现生态环境部）联合下发了《水污染防治重点工业行业清洁生产技术推行方案》，重点进行水污染预防治理，对水污染严重的重点工业行业进行整改，对重点工业行业落后的基础设施与生产技术进行处理与替换，引导行业企业采用先进且适用的工业清洁生产技术与配套基础设施，从而达到工业行业清洁生产技术改造的目标。2021年，国家发展改革委联合生态环境部、工业和信息化部、科技部、财政部、住房和城乡建设部、交通运输部、农业农村部、商务部、市场监管总局出版了《"十四五"全国清洁生产推行方案》，对全国范围内生产行业的清洁生产总体要求与主要任务进行了全面部署，通过对资源能源消耗、污染物排放水平等指标的制定，划分出国家清洁生产技术应用的重点领域、重点行业和重点工程。

目前，我国清洁生产已经有了巨大进步，国家对清洁生产设施的设计与开发、清洁工业企业的审核推进、清洁技术的研究与升级等方面进行大量人力物力财力投入，获得了良好的成效。企业通过开展清洁生产，全国工业大幅度削减了化学需氧量、汞使用量和烟尘、废水、氨氮、总铬、铅、砷等污染物的排放量，全国铸造件废品率降低，锻造材料利用率、切削材料利用率提高，清洁生产工作取得了很大进展。

不过，企业清洁生产在实施过程中还存在一些问题，比如，与传统生产相比，清洁生产带来的效益不明显，且由于清洁生产约束较多，给企业带来繁重的审核工作，因此企业缺少对清洁生产的积极性，造成行业对清洁生产的管理与实施缺乏推动力量。同时，清洁生产管理审核在我国标准不高，相关部门对清洁生产技术的准入门槛相对较低，使得目前国内清洁生产技术方案的实行良莠不齐，清洁生产管理效果达不到预期[20]。今后需要完善清洁生产质量审核，突出生产管理重点，提供高新清洁生产技术指导，修订国家鼓励的有毒有害原料替代目录，对重点行业企业实施监督管理，同时在财政上进行补助，以此激励清洁生产技术开发与升级，在国内逐步建立企业自主研发技术升级下的清洁生产操作模式。

10）低碳工业

能源消耗是温室气体排放的主要原因之一，而工业是能源消耗的重点行业，因此为实现国家应对气候变化战略目标，推动工业绿色低碳发展意义重大。为了实现2030年碳排放达峰目标，我国要做到节能与低碳并重，不仅要加大工业节能力度，还要实施低碳措施，通过加快传统制造业绿色改造升级，鼓励使用绿色低碳能源，试点二氧化碳捕集、利用与封存，推动工业园区和企业减少碳排放，部分工业行业碳排放量尽早接近峰值。

工业园区作为经济发展的新型推动点，做好工业园区低碳是实现我国产业低碳化的重要手段。工业和信息化部、国家发展改革委选择了51家基础好、有特色、代表性强的工业园区，开展国家低碳工业园区试点工作。通过对试点工业园区的评价，找出与我国国情相符合的工业园区低碳管理模式，借此来培育一批低碳型企业，通过树立典型化绿色工业园区，对园区内生产方式、运输方式以及回收利用等企业活动进行规范化公示，希望引导和带动我国其他工业园区工业绿色低碳发展。以天津经济开发区为例，开发区引导企业建设绿色工厂，将绿色生产工艺融入生产之中，将绿色物流融入运输之中、将高效回收融入再生产利用之中；继垃圾发电后，引进海上风电项目和太阳能光伏发电项目，拓宽清洁能源的重要来源。提升园区的碳管理能力，大力推动园区内年能耗在1000吨标准煤以上的企业自主编制企业碳盘查报告，并帮助企业发现低碳发展的潜力，不断提升低碳发展的水平。充分发挥低碳发展信息交流平台、中美清洁能源基础设施合作平台、清洁技术转移合作平台的作用，探索低碳园区可持续发展模式。

在钢铁、有色、建材、石化和化工、装备制造等重点行业，开展低碳企业创建试点，控制国家工业绿色发展规划内的温室气体以及碳指标排放。对生产工艺进行过程与原材料的升级与处理，以水泥为例，开展水泥生产原料与工艺替代：通过利用工业固体废物等非碳酸盐原料生产水泥，减少生产过程二氧化碳排放；通过使用新型低碳水泥替代传统水泥、新型钢铁材料或可再生材料替代传统钢材、有机肥或缓释肥替代传统化肥，减少碳排放。

在二氧化碳捕集、利用与封存方面，电厂运行产生的大量质量分数高达95.5%的气体（二氧化碳+氮气）。这些气体可以替代氮气来抑制煤的自燃，因此若是注入采空区可以有效减少企业制氮造成的能源与资金浪费。国家能源集团和陕西国华锦界电厂率先开展了大规模的碳捕集燃煤电厂技术研发和系统集成，但目前还处于研发阶段。

目前，我国的低碳工业发展还局限于重点行业和重点园区层面，二氧化碳捕集、利用与封存技术也处于研发阶段。未来，仍需努力促进低碳工艺、低碳产品、低碳企业和低碳园区的发展，研发推广低碳关键技术，促进工业的低碳化发展。

11）工业水资源节约利用

2017年，国家发展改革委印发了《节水型社会建设"十三五"规划》，提出了工业节水的目标和措施，要求加快研发高耗水行业用水工艺、废水深度处理、海水淡化等技术及装备。2015年，科技部发布的《节水治污水生态修复先进适用技术指导目录》要求重点推广节水、水污染治理及循环应用等适用技术，加强钢铁、石化等七大高耗水行业进行节水技术改造，缺水地区和工业园区加大中水回用和循环用水力度。2021年，国家发展改革委、工业和信息化部等十部委印发了《关于推进污水资源化利用的指导意见》，提出制定工业废水循环利用等实施方案，"细化工作重点和主要任务，形成污水资源化利用'1+N'政策体系"等要求。

对高耗水行业如钢铁、化工、造纸、印染等，我国采取用水企业水效领跑者引领行动，开展水平衡测试及水效对标达标，推进节水技术改造，推广工业节水工艺、技术和装备。加强对高耗水行业企业生产过程和工序用水管理，严格执行取水定额国家标准，围绕高耗水行业和缺水地区开展工业节水专项行动，提高工业用水效率。推进水资源循环利用和工业废水处理回用，推广特许经营、委托营运等专业化节水模式，推动工业园区集约利用水资源，实行水资源梯级优化利用和废水集中处理回用。推进中水、再生水、海水等非常规水资源的开发利用，支持非常规水资源利用产业化示范工程，推动钢铁、火电等企业充分利用城市中水，支持有条件的园区、企业开展雨水集蓄利用。

目前，我国在水资源节约方面还存在一些不足。一是节水工作仍停留在重点行业典型示范的层面，受企业规模限制，规模稍小的中小企业对节水工作重视度低，同时由于行业种类原因，重工业节水标杆较多，而食品、化工等行业典型模范企业较少，难以找到行业标杆。二是节水标杆下的企业、单位以及居民小区的示范引领作用不足，标准、标杆对用水户的激励乏力。今后，企业节水要从钢铁、纺织染整、造纸、石油炼制、食品发酵、化工、有色金属等用水行业向其他高耗水服务业扩展，建立企业循环型用水体系，探索园区内企业间水资源串联使用和工业园区节水载体建设，在生产系统和生活系统建立水循环链接。这也是工业水资源节约绿色技术的发展方向[21]。

3. 绿色建筑

绿色建筑是指在建筑的完整生命周期内，保证用户舒适、健康的前提下，通过建筑与环境相适应，同时节约资源、减少污染，达到人与自然和谐共生目标的建筑，绿色建筑的核心是保护环境。国家发展改革委、住房和城乡建设部出于保护环境的目的于2013年制定了《绿色建筑行动方案》，在该行动方案的推动下，近年来我国绿色建筑有了长足的进步。主要工作有以下几项。

第一是新建建筑节能工作。对新建建筑从2014年起全面执行绿色建筑标准，这里新建建筑的要求主要是以公共设施、国家各职能单位设施为主，包括政府投资的国家机关、学校、医院、博物馆、科技馆、体育馆等建筑，保障性住房，以及机场、车站、宾馆、饭店、商场、写字楼等大型公共建筑。作为建设项目的承担机构，商业房地产开发需要严格落实执行绿色建筑标准。目前，城镇新建建筑执行节能强制性标准比例基本达到100%，2021年，国务院新闻办发表《中国应对气候变化的政策与行动》白皮书，指出我国节能建筑占城镇民用建筑面积比重超过63%。

第二是对已有建筑进行节能改造。通过实施"节能暖房"工程，以房屋建筑各面围护物、建筑物供热计量、管网热平衡改造为重点，大力推进北方采暖地区既有居住建筑供热计量及节能改造。开展大型公共建筑和公共机构办公建筑空调、采暖、通风、照明、热水等用能系统的节能改造。以建筑门窗、外遮阳、自然通风等为重点，进行居住建筑节能改造试点。

第三是对目前城镇供热系统改造。实施北方采暖地区城镇供热系统节能改造，提高热源效率和管网保温性能，优化系统调节能力，改善管网热平衡。撤并低能效、高污染的供热燃煤小锅炉，推广热电联产、高效锅炉、工业废热利用等供热技术。开展城市老旧供热管网系统改造，减少管网热损失，降低循环水泵电耗。

第四是可再生能源建筑规模化应用。推动太阳能、浅层地能、生物质能等可再生能源在建筑中的应用。太阳能在建筑上的应用包括太阳能热水利用、光伏发电、被动式太阳能采暖、微电网技术研发和工程示范等。

第五是加强公共建筑节能管理。加强公共建筑能耗统计、能源审计和能耗公示工作，推行能耗分项计量和实时监控。实施大型公共建筑能耗（电耗）限额管理，对超限额用能（用电）实行惩罚性价格。

第六是研发绿色建筑共性和关键技术，重点攻克既有建筑节能改造、可再生能源建筑应用、节水与水资源综合利用、绿色建材、废弃物资源化、环境质量控制、提高建筑物耐久性等方面的技术，开展绿色建筑技术的集成示范。因地制宜推广自然采光、自然通风、遮阳、高效空调、热泵、雨水收集、规模化中水利用、隔音等成熟技术，加快普及高效节能照明产品、风机、水泵、热水器、办公设备、家用电器及节水器具等。

第七是发展绿色建材，包括防火隔热性能好的建筑保温体系和材料，烧结空心制品、加气混凝土制品、多功能复合一体化墙体材料、一体化屋面、低辐射镀膜玻璃、断桥隔热门窗、遮阳系统等建材。引导高性能混凝土、高强钢的发展利用。推进墙体材料革新，限制或禁止使用黏土制品。

第八是推动建筑工业化。推动结构件、部品、部件的标准化，推广适合工业化生产的预制装配式混凝土、钢结构等建筑体系，发展建设工程的预制和装配技术等。

"十二五"以来，我国绿色建筑呈现跨越式发展态势，建筑节能标准不断提高，既有居住建筑节能改造在严寒及寒冷地区全面展开，公共建筑节能监管力度进一步加强，节能改造在重点城市及学校、医院等领域稳步推进，可再生能源建筑应用规模进一步扩大，农村建筑节能实现突破[22]。

今后，将进一步发展绿色设计、新型环保能源、绿色建材、室外环境绿色节能、室内环境绿色节能、清洁能源应用方面的技术。同时，包括自然结构设计、低能耗技术、新能源利用以及资源再生利用在内的绿色智慧建筑高新技术也将有迅速的发展，总体而言，推动绿色建筑不但可以有效循环资源、降低污染排放，同时还能够保证居住工作等生活环境健康舒适，从而维护人与自然和谐共处。

4. 绿色交通

近年来，随着各国政府对可持续发展的重视，绿色交通的理念被扩展到交通运输行业范畴，涵盖绿色运输方式、绿色交通运输装备[23]、高效运输组织体系构建和绿色基础设施建设等多重含义，覆盖资源集约、节能减排、污染控制、生态保护等领域[24]。

"十三五"期间，交通运输部主要在四方面推进绿色交通。一是推广应用新能源汽车；二是建立船舶排放控制区，规定船舶在排放控制区内航行、停泊、作业时，要严格控制硫氧化物、氮氧化物和颗粒物的排放；三是促进资源集约节约利用，提高建设用地和港口岸线的利用效率；四是强化基础设施生态保护，实施边坡、取弃土场等公路生态修复工程试点，改善公路工程沿线生态环境状况。交通运输部组织开展了绿色交通示范工程，推出部级节能减排技术（产品）示范项目并在全行业广泛推广。

目前，我国绿色交通在发展过程中还存在一些问题[25]。绿色交通标准体系建设比较落后，缺少交通节能环保先进适用技术目录，在建设"绿色港口"等方面缺少相关规章制度。当前，我国交通发展的绿色技术推广仍以财政补助为主，市场配置资源的功能还没有完全发挥出来。局地车船大气污染控制困难，一些城市的空气污染以汽车尾气为主，北京和上海等大型城市的汽车尾气排放对本地源PM2.5的贡献占到了30%左右。交通组织的绿色程度较低，低能耗、低排放的铁路、水路交通优势没有得到充分的发挥。我国城市的绿色物流配送总体发展较慢，中心城区的充电配套设施不健全，"四限"（限行、限号、限停、限时）并没有对新能源货车进行区分致使其发展受限。

在未来，我国应该从试点示范转向全面推行绿色运输。在推进绿色公路、绿色港口、绿色航道、绿色铁路、绿色枢纽等方面，提出建立"强制性规范+激励标准规范"的制度，以促进绿色交通的发展。要提高交通设备的洁净度，支持引导集约、高效的交通组织方式发展。推动"互联网+货运"新业态和模式的发展。加快船舶污染控制区域的建设，主要有：使用低硫燃油、控制氮氧化物排放、船舶靠港使用的岸电条件和其他可能的选择。加强船舶的清洁、生活污水和化学品接收设施的建设，加强对船舶污染物接收、转运、处置等各个环节的监督。要加快推进清洁能源的普及和使用，把公共充电设施的用地列入城市总体规划，推进加气站、充（换）站等基础设施的规划和建设。积极推动交通结构的优化，充分利用铁路、水运的优势，实施绿色物流。加快城市轨道交通、公交线路和快速公交系统的建设和运营，在大中城市全面实施"公交都市"。通过适当增加车道、合理设置停车位，逐步改善城市慢行交通的服务。鼓励自行车、共享汽车、共享单车的使用。大力发展互联网+车货匹配、互联网+专线整合、互联网+园区链接、互联网+共同配送、互联网+车辆租赁、互联网+大车队管理等新模式、新业态[25]。这也是未来技术创新的重点方向。

5.绿色消费

目前我国消费领域面临的资源环境压力持续加大，问题日益突出，资源和能源消费需求持续增长，过度、浪费型、不合理的消费模式已成为环境污染和温室气体排放的主要原因。消费绿色转型升级能够引导绿色生态产品与服务供给的创新，绿色生态产品与服务的供给创新也能够促进绿色消费需求的形成，这种良性循环一方面能够带来新的经济增长动力，另一方面更能促进环境状况的改善。

近年来，我国政府高度重视绿色消费，共发布了101项与推进居民绿色生活相关的政策，推进全社会的绿色消费。已建立了环境标志、节能标志、绿色建筑标志、有机食品标志等标志和认证制度，对我国形成绿色消费方式发挥了重要的引领作用。

现阶段，绿色消费存在两个主要问题：一是绿色消费产品的供应不足，绿色食品、节能产品、绿色建筑和环保标识产品的消费需求较低，远远没有成为生活必需品的主流；二是消费者购买绿色消费品的意愿也在快速增加，但是人们更多地注意到消费过程对消费者身体健康的影响，从而使一些消费者对消费需求的积极性降低。

目前，正是推动我国消费绿色转型、形成绿色消费习惯的机遇期、窗口期，需要在以下几个方面促进绿色消费增长。一是大力推动绿色消费，尤其是生态环保产品供给、垃圾分类回收、公共交通设施建设、节能建筑等领域。二是拓展绿色生态产品与服务的供应，完善绿色生态产品与服务的标准化、绿色标识、认证制度，提升绿色生态产品与服务的覆盖面，建立一个更为成熟的绿色消费细分市场。三是加大政府绿色公共采购力度和范围，利用"互联网+"促进绿色消费。四是示范引领绿色消费，普及绿色消费理念[26]。

（二）先进城市绿色发展实践

虽然构建市场导向的绿色技术创新体系的文件颁布时间较短，但部分国内一、二线城市已经就构建绿色技术创新开展了积极探索，为我国绿色技术成果转化、绿色低碳转型等方面提供了有益经验。

1. 上海大力建设绿色技术银行，探索绿色技术成果转化新模式

2016年"绿色技术银行"进入正式建设阶段，2017年绿色技术银行在上海正式成立，主要服务于转移和转化绿色技术，运行机制为"政府引导、社会参与、公益性服务、市场化运作"，这是遵守《巴黎协定》、遵循《联合国2030可持续发展议程》的重要措施。设立绿色技术银行，能够有效促进绿色科技成果转移转化，加强科技金融相结合，还能推动科技成果资本化。

具体而言，绿色技术银行是一个加快科技成果转移转化和产业化的综合性服务平台，有利于国内可持续发展。绿色技术银行的业务包括绿色技术评估、收储、增值、转移转化等，同时作为一个科技金融创新组织，汇聚了节能、环保、安全高效等先进技术，提供金融整体解决方案。绿色技术银行包括十项标志性绿色技术体系，比如化石能源高效利用、河道水系治理、湿地生态保育修复等。

自绿色技术银行启动以来，三大平台建设初见成效，构建了绿色技术成果转移转化的立体网络。首先是为成果库、需求库等各类主题提供信息支持的信息平台，见表4-3，其所提供的项目需求和成果数目逐年增加，转移转化平台是一个同国家科技评估中心等部门合作、对接高效和研究机构

技术转移部门的网络体系，搭建了一批国际转移机构和中心。金融平台已经初具规模，在国家成果转化基金引导下，上海市出资成立了绿色技术成果转化基金，一批绿色金融产品相继出现。

表4-3 绿色技术银行项目数量

单位：件

时间	需求数	成果数
2015年	0	65
2016年	0	18
2017年	2	4580
2018年	136	673
2019年	224	728
2020年	62	1059
2021年	6	376

2. 天津"引资引智"打造全国首个国家绿色发展示范区

中新天津生态城是中国和新加坡两国政府合作共建的国际生态城市样板，项目坐落于天津市滨海新区。目前，生态城内社区住宅的楼顶、阳台大都安装了太阳能设施，公建、酒店、写字楼使用了地源热泵系统制冷采暖。考虑到当地风能优势，路灯采用风光互补发光二极管（LED）灯，未来该路灯将占到生态城路灯规划建设总量的60%。

天津生态城的开发建设中，注重多措并举，"引资引智"。天津市争取到全球环境基金捐赠的700万美元建设生态城，具体由市财政局统筹工作，包括概念设计、申报评估等。在选择国际专业咨询公司时，公开招标，设计先进的绿色环保指标体系，同步开展绿色交通规划、绿色建筑体系和绿色公屋示范项目，建成了盐滩绿色发展技术规划体系，具有理念先进、技术合理、经济可行的特点。选择多种形式的知识交流和技术引进，高效利用世界银行等国际金融平台，提高了生态城建设的软实力，推动国际化方向发展。

三、国内外绿色技术创新体系建设的经验借鉴

通过国内外先进地区的绿色技术创新体系建设的经验分析，政府顶层设计、市场化机制、公众参与和法律保障是绿色技术创新实现的基础。

（一）政府高度重视，积极制定系统高效的科技政策

政府应该充分发挥对企业发展的引导作用，积极制定有利于推动企业进行绿色技术创新的制度环境。美国在发展的过程中也非常重视相关政策的制定，如国家科学基金计划和公共采购计划等，而且逐步形成了一套包含政府、企业、学校和研究机构的完整的发展体系，在出台相应的政策时会考虑从政府到企业以及企业与企业之间的关系，如为了实现绿色发展和促进社会经济的和谐发展，出台了《基础设施投资和就业法案》《恢复美国的核能源领导地位战略》和《应对国内外气候危机的行政命令》等。韩国发布了《绿色债券指南》，为促进绿色技术创新提供资金支持。欧盟发布的《2050年长期战略》《欧洲绿色新政》《可持续欧洲投资计划》《新循环经济行动计划》《欧洲氢能战略》以及重新修订了欧洲《可再生能源指令》，这些政策和行动计划为绿色技术创新发展提供了支撑。

（二）完善市场制度，促进技术创新与市场紧密结合

市场是影响企业行为最重要的一个因素，良好的市场环境和市场需求能够充分激发企业生产和变革的积极性。因此，有必要建立完善的市场制度，提高资源在不同主体之间自由流动和运行效益。在市场需求的吸引下，企业才会主动采用和发展绿色创新技术，因此，了解市场行情和消费

需求才能激发企业进行绿色技术创新的主动性。在日本、韩国和美国等发达资本主义国家，具有一定实力的企业都有自己的研发团队和实验室，而且这些国家的企业也都非常重视与学校和研究结构的合作。上海市注重绿色技术银行的发展，强调用市场化手段推动技术、金融的有机结合，而且我国启动了碳排放交易场，银行也推出了"绿色信贷"政策。良好的市场环境推动了绿色技术创新的发展。

（三）调动社会力量，提高公众和社会组织参与程度

公众和社会组织也是企业进行绿色技术创新的推动者。德国的环境标志评审委员会和质量保证与标志协会参与环境标志的评审以及产品标准的制定，而且日本的日本环境协会还会确定企业申请的产品是否符合环境质量要求。我国的中关村高新技术企业协会承担了国家对企业认定申报的咨询和辅导等工作，中关村企业信用促进会也制定了一套信用评级的方法。公众的参与能够对企业起到很好的监督作用，行业协会满足了不同类型企业的创新需求，为企业进行绿色技术创新发挥桥梁纽带的作用，也在一定程度上起到了监督管理的作用。积极提高公众和社会组织的参与度，能够为企业绿色技术创新创造良好的社会环境。

（四）加强法律保障，全力为绿色技术创新保驾护航

法律法规是企业进行绿色技术创新的制度保障。为了保障企业的合法权益，各国都在连续制定相应的法律法规来保护企业的专利和知识产权不被侵犯。如美国发布了《美国清洁能源与安全法案》，韩国发布了《韩国专利法》《环境技术与产业支持法》和《韩国商标法》等，法国颁布了《能源与气候变化法》《绿色增长能源转型法案》等。这些法律法规的制定为绿色技术创新营造了良好的法律环境，规范了绿色技术创新的市场秩序，能够提高企业的自我保护意识和进行绿色技术创新的积极性。

本章参考文献

[1] 蒋东利. 环保行业发展的国际经验及对我国的启示［J］. 金融纵横，2018 (04)：70-76.

[2] 邓翔，瞿小松，路征. 欧盟环境政策的新发展及启示［J］. 财经科学，2012 (11)：109-116.

[3] 叶子青，钟书华. 美、日、欧盟绿色技术创新比较研究［J］. 科技进步与对策，2002 (07)：150-152.

[4] 肖琴，周振亚，何英彬. 中国绿色农业发展现状及前景［J］. 农业展望，2019, 15 (10)：57-63.

[5] 中国农业科学院农业资源与农业区划研究所. 中国农业绿色发展报告2020［M］. 北京：中国农业出版社，2020.

[6] 万靓军. 关于健全完善农业绿色发展标准体系的几点思考［J］. 农业部管理干部学院学报，2018 (02)：9-10.

[7] 农业农村部. 农业农村部关于印发《农业绿色发展技术导则（2018—2030年）》的通知［J］. 中华人民共和国国务院公报，2018 (35)：64-75.

[8] 工业和信息化部. 关于印发《工业绿色发展规划（2016—2020年）》的通知：工信部规〔2016〕225号［A/OL］.（2016-07-25）［2022-05-21］. http://www.scio.gov.cn/xwfbh/xwbfbh/wqfbh/33978/34888/xgzc34894/Document/1484864/1484864.htm.

[9] 史丹. 绿色发展与全球工业化的新阶段:中国的进展与比较［J］. 中国工业经济，2018 (10)：5-18.

[10] 傅向升. 浅析现代煤化工高质量发展路径：绿色发展是根本要求［N/OL］. 中国能源报，2019-08-21［2022-05-21］. http://www.chinakaiyue.com/xinwenzixun/shxinwen/1961.html.

[11] 丁怡婷. 我国实现超低排放的煤电机组超十亿千瓦 煤电将转向支撑性和调节性电源［N/OL］. 人民日报，2022-04-26［2022-05-21］. http://finance.people.com.cn/

n1/2022/0426/c1004-32408678.html.

[12] 武亚东. 钢铁业加快推进绿色发展［N/OL］. 经济日报，2018-07-10［2022-05-21］. http://www.ce.cn/xwzx/gnsz/gdxw/201807/10/t20180710_29698607.shtml.

[13] 刘经纬，何惠平，刘加军. 中国钢铁企业绿色发展宣言［EB/OL］.（2019-09-07）［2022-05-21］. https://www.sohu.com/a/340130179_611198.

[14] 徐滨士，李恩重，郑汉东，等. 我国再制造产业及其发展战略［J］. 中国工程科学，2017, 19 (3)：61-65.

[15] 普道科技. 节能环保进行时，产业转型新趋势［EB/OL］.（2019-08-02）［2022-05-21］. https://www.sohu.com/a/330891119_120232721.

[16] 郭锦辉. 中国工业领域碳减排呈现五大趋势［N/OL］. 中国经济时报，2019-03-13［2022-05-22］. https://www.sohu.com/a/300820373_115495.

[17] 史作廷. 需求驱动下的产业爆发［J］. 中国投资，2018 (15)：93-94.

[18] 苏州新可佳网络技术有限公司. 2019年加快科技创新，发展节能环保产业［EB/OL］.（2019-01-28）［2022-05-22］. https://baijiahao.baidu.com/s?id=1623524590505007812&wfr=spider&for=pc.

[19] 余红辉. 做强做优做大节能环保产业 助推中国经济高质量发展［J］. 国资报告，2019 (10)：76-79.

[20] 王承宾. 清洁生产在低碳经济中的策略与实践探究［J］. 科技创新与应用，2019 (10)：128-129.

[21] 陈博. 以节水载体建设为抓手加快推进绿色发展的思考［J］. 中国水利，2019 (07)：18-20.

[22] 住房和城乡建设部. 建筑节能与绿色建筑发展"十三五"规划［R/OL］.（2017-03-01）［2022-05-23］. http://huanbao.bjx.com.cn/news/ 20170314/814051.shtml.

[23] 康连锁. "十三五"绿色交通发展形势与需求［J］. 交通世界（运输.车辆），2014 (11)：82-85.

[24] 徐洪磊. 绿色交通的理论框架与政策建议［J］. 交通运输部管理干部学院学报，2014, 24 (01)：12-17, 27.

[25] 刘杰，陈浩涛，罗超男. 生态文明背景下交通运输绿色发展趋势与方略［J］. 交通

运输部管理干部学院学报，2019, 29 (03)：3-6, 29.

[26] 中国环境与发展国际合作委员会. 以绿色新共识，推动中国"十四五"高质量发展［EB/OL］.（2019-06-05）［2022-05-23］. https://wenku.baidu.com/view/cfc8cf8c0166f5335a8102d276a20029bd6463e2.html.

第五章

加快构建市场导向的绿色技术创新体系

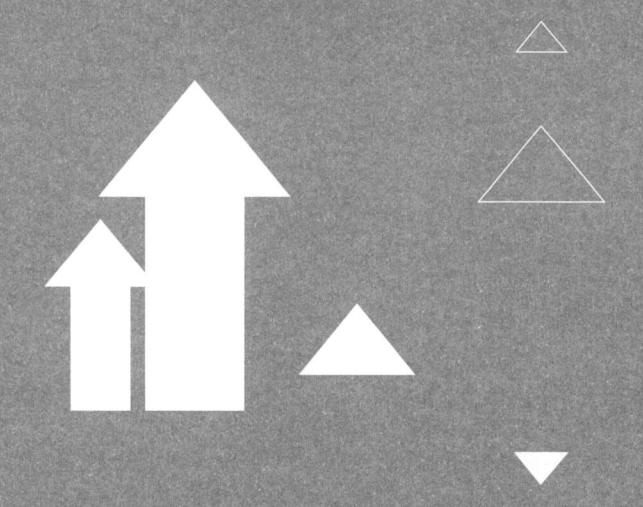

改革开放以来，我国经济一直持续高速增长，国内生产总值和人民物质生活水平迅速提高，然而，粗放型的经济发展模式引发了一系列环境污染事件，环境治理体系的改革与创新面临前所未有的挑战。在政府政策和资金的引导和支持下，以节能、清洁生产、清洁能源为代表的绿色产业体系日益成为投资重点和热点，绿色技术创新成为新的企业竞争的着力点[1]。促进绿色可持续发展是倡导生态文明建设和促进经济高质量增长的重要举措，而且绿色技术创新在促进社会、组织和企业实现环境可持续性和竞争优势方面发挥着至关重要的作用[2]。随着全球经济和贸易环境的不确定性日益增加，可持续发展和绿色创新已日益成为提高国家竞争力的重要途径。适当而灵活的以市场为导向的绿色技术创新体系不仅会提高企业的竞争力，减少对环境系统的负面影响，提高污染控制能力和产品高科技含量，而且会促进环境和经济的并行发展。

一、绿色技术创新的发展现状及趋势

（一）国内绿色技术创新的发展现状及趋势

1. 绿色技术创新相关的法律法规和支持政策逐步完善

为了更好地指导和促进绿色技术创新的发展，我国政府制定了相应的政策，以便指导相关行政部门和企业在进行绿色技术创新时有明确的目标。如国务院办公厅发布的《能源发展战略行动计划（2014—2020年）》将氢电池和燃料电池列为国家能源科技创新战略支柱；2015年5月，国务院正式印发《中国制造2025》，其中明确提出加强节能环保技术、工艺和设备的推广应用，促进整体清洁生产；自2018年1月起，我国一直在实施《中华人民共和国环境保护税法》；2019年发布《北京市氢燃料电池汽车产业发展规划（2020—2025年）》，其目标是与河北省张家口、唐山等城市合作，在北京周边建立氢能供应链；2019年5月，国家发展改革委和科技部联合发布的《关于构建市场导向的绿色技术创新体系的指导意见》是中国首次就如何构建绿色技术创新体系发表意见；根据国家能源局发布的《中华人民共和国能源法（2020版）》草案征求意见，氢首次被列为国家一级能源类别。其他相关的法律法规和支持政策见表5-1。

表 5-1 绿色技术创新相关的法律法规和政策

时间	政策文件	主要内容
2020年	"十四五"规划和2035年远景目标纲要	提出要加快推动绿色低碳发展，支持绿色技术创新
	《绿色技术推广目录（2020年）》	分别收录节能环保产业63项、清洁生产产业26项、清洁能源产业15项、生态环境产业4项及基础设施绿色升级8项，并对各项的技术名称、适用范围、核心技术及工艺、主要技术参数和综合效益等方面做出明确规定
2021年	《关于加快建立健全绿色低碳循环发展经济体系的指导意见》	继续强调加快构建市场导向的绿色技术创新体系并构筑有力有效的政策支持体系
	《新能源汽车产业发展规划（2021—2035年）》	要大力发展燃料电池汽车，建设加氢基础设施
	《关于绿色低碳循环发展的指导意见》	加强新能源汽车基础设施，包括电动汽车充电和换电池、氢燃料汽车加氢等
	《2030年前碳达峰行动方案》	提出要大力推进绿色低碳科技创新，绿色低碳科技创新行动是"碳达峰十大行动"之一
	《"十四五"国家知识产权保护和运用规划》	提出知识产权保护迈上新台阶、知识产权运用取得新成效、知识产权服务达到新水平、知识产权国际合作取得新突破等四个主要目标，设立"每万人口高价值发明专利拥有量"等八个主要预期性指标

2.绿色产业规模逐渐扩大

随着全球绿色化转型向零排放能源过渡，一些资源将成为新的关键要素。在太阳能电池板、电池和其他绿色技术所需的关键资源中，我国的产量在全球产量占绝对优势，包括：化学锂（占比50%）、多晶硅（占比60%）、稀土金属（占比70%）、天然石墨（占比70%）、精炼钴（占比80%）和精炼稀土（占比90%）。我国凭借绿色能源供应链的优势成为该领域的全球领导者，在推广和部署绿色技术方面处于领先地位。尤其在电动汽车领域，中国已成为全球最大的生产国和市场，2020年中国电动汽车销售量为130万辆（占全球40%）。从2007年开始，国家财政预算就已经增加了长期环保支出，环境污染治理投资总额呈强劲上升趋势。根据国家统计局数据，全国环境污染治理总投资从2016年的9220亿元增加到2020年的10654亿元。预计2022年投资将会增至11836亿元，这些财政投入引导和撬动大量的社会资本参与到全国各地绿色技术创新发展中[1]。而且2016—2020年国内环保产业市场规模也呈增长趋势，2020年其市场规模达到79000亿元。预计随着环保产业的发展，2022年环保产业市场规模将达100000亿元[2]。与此同时，2020年我国的绿色信贷余额达到90451.97亿元；绿色债券累计发行11589亿元，累计发行数量达1097只，规模仅次于绿色信贷，成为我国绿色金融第二大载体；绿色保险保额达183263.62亿元[2]。

2020年9月，习近平主席首次在联合国大会上提出我国实现碳达峰和碳中和的具体时间表。在"双碳"政策的指引下，我国政府将十分注重减碳目标和清洁能源利用，同时也引导企业进行产业结构的转型和支持企业进行技术变革。

全国碳排放权交易市场于2021年7月正式启动交易，并把发电行业纳

---

① 数据来源：国家统计局。
② 数据来源：零壹智库《2021中国绿色技术创新指数报告》。

入交易的范围，到目前为止，被纳入的企业超过了2000家。自2021年7月启动至2021年12月，全国碳排放权交易市场共运行114个交易日，碳排放配额（CEA）累计成交量1.79亿吨，累计成交额76.61亿元。其中，挂牌协议交易累计成交量3077.46万吨，累计成交额14.51亿元；大宗协议交易累计成交量14801.48万吨，累计成交额62.10亿元。自2016年以来，我国分布式光伏市场份额已经由13.3%提升至2021年的35.1%。2021年，全国全年光伏发电量3259亿千瓦时，同比增长25.1%，约占全国全年总发电量的4.0%[①]。受"绿色照明工程"的推动，2019年我国太阳能路灯市场规模达到55.12亿元，同比增长12.86%。截至2021年3月底全国各区域光伏累计装机规模及占比见表5-2。

表5-2　2021年3月底全国各区域光伏累计装机规模及占比

地区	装机规模（万千瓦）	百分比（%）
华北地区	7092	27
西北地区	5052	20
东北地区	1408	6
华东地区	6316	24
华中地区	2655	6
华南地区	3348	13

资料来源：国家能源局。

为了促进我国氢能以及燃料电池行业的发展，在国家能源集团的带动下，由企业、高校和研究机构共同发起成立了中国氢能源及燃料电池产业创新战略联盟。目前该联盟的成员单位数量已达72家。截至2019年，国内氢能投资超过2000亿元，投资领域遍及氢能全产业链。2019年中国氢联盟预测，到2030年，每年生产的绿色氢总量将超过1800万吨。如北京2022

---

① 数据来源：国家能源局。

年冬奥会，我国政府全面落实"绿色办奥"举措，开幕式首次呈现出以清洁氢能作为燃料的"微火火炬"；国家速滑馆"冰丝带"成为世界上第一座采用二氧化碳跨临界直冷系统制冰的大道速滑馆，碳排放趋近于零；水立方被改造成"冰立方"；冬奥会全部场馆达到绿色建筑标准、常规能源100%使用绿电。我国部分企业的绿色技术创新现状及趋势见表5-3。

表5-3　我国部分企业的绿色技术创新现状及趋势

企业名称	绿色技术创新发展现状及趋势
宁夏绿色氢气厂	2021年4月，在宁东能源化工基地正式投产。该基地是宁夏国家太阳能水电解制氢综合示范工程的一部分，利用宁夏丰富的可再生能源，包括20万千瓦光伏发电装置和2万立方米每小时水电解制氢装置。建成投产后，每年将减少煤炭消耗25.4万吨，减少二氧化碳排放44.5万吨
百度	2022年发布的《2021年环境、社会及管治（ESG）报告》中公布2030年实现集团运营层面的碳中和目标，在数据中心、办公楼宇、碳抵消、智能交通、智能云、供应链六个方面，全面构建2030年碳中和目标的科学实现路径，并且成功定价发行首笔10亿美元可持续发展债券，进一步提高百度在中国运营的环境绩效和社会影响。报告还显示，2021年，百度绿证采购量达50万千瓦时，办公楼宇通过ISO 50001能源管理体系认证
华为	2021年成立了华为数字能源技术有限公司。华为数字能源致力于将电力电子技术与数字技术结合在一起，用"比特"管理"瓦特"，用数字技术控制电力电子功率设备，面向清洁发电、能源数字化、交通电动化、绿色信息与通信技术（ICT）基础设施，以及综合智慧能源等五大领域提供"安全、高效、绿色、智能"的解决方案，构筑面向能源产业的广泛应用的嵌入式电源、智能配电、储能等使能平台等。截至2021年6月，华为数字能源已助力客户实现累计绿色发电4034亿度（千瓦时），节约用电124亿度，减少二氧化碳排放2亿吨。2022年华为发布了《绿色发展2030》报告，该报告对数字化和低碳化如何协同促进绿色发展进行了深入阐述，对关键行业面向2030年的绿色发展愿景进行了展望，同时指出了信息与通信技术使能绿色发展的三大创新方向，包括提升数字基础设施能效、加大可再生能源占比和使能行业绿色发展

3. 绿色技术数量不断增加

全国绿色技术创新年度指数从2008年为基期的1000，增涨至2021年的4791.20，增长了近4.8倍，年复合增长率达11.84%；可见全国绿色技术创新在2008—2021年高速增长。全国绿色专利每年申请数量从2008年的4.3万余件，增长至2021年的15万余件，2020年更是高达22万余件。全国绿色专利每年授权数量更是稳步上升，从2008年的1.9万余件上升到2021年的18.4万余件，复合增长率高达17.5%[①]。

中国绿色技术创新指数报告显示，2021年3月初至2022年4月末，全国新增绿色专利申请数量近14万件，新增绿色专利授权数量高达21万余件。从总量看，绿色技术创新总量指数从2021年3月第一周为基期的1000增至2022年4月末的4575.42，增长约4.5倍，反映出我国技术创新正开始朝着绿色环保方向发展，绿色技术创新取得了一定成效。我国环境管理领域绿色技术创新活跃，总体呈上升趋势（见表5-4）。具体来看，在缓解气候变化的技术中，能源领域占所有技术的比例增长迅速，2018年占比已达到4.17%，但是在2019年有所下降。交通领域和建筑领域绿色技术占所有技术的比例有所下降，产品生产或加工、温室气体和废水处理或废物管理领域绿色技术占所有技术的比例则较为稳定，均在1.7%、0.03%和0.3%左右波动。与此同时，一般环境管理领域的绿色技术占所有技术的比例逐年提升。在研究所方面，如中国科学院大连化学物理研究所，截至2019年，已就燃料电池的关键材料、核心部件和堆系统提交了900多份专利申请。

表5-4　与环境相关的技术开发占所有技术的比例

单位：%

领域	2015年	2016年	2017年	2018年	2019年
一般环境管理	1.79	1.94	2	2.28	2.11

---

① 数据来源：零壹智库《2021中国绿色技术创新指数报告》。

续表

领域		2015年	2016年	2017年	2018年	2019年
适应气候变化技术		0.7	0.69	0.65	0.75	0.69
海洋经济可持续发展		0.21	0.14	0.19	0.19	0.24
缓解气候变化技术	能源领域	2.82	3.38	3.73	4.17	3.46
	产品生产或加工	1.57	1.69	1.83	1.74	1.8
	信息通信技术领域	1.15	1.35	1.12	1.02	0.87
	温室气体相关	0.01	0.03	0.03	0.04	0.03
	交通领域	0.73	1.1	1.12	1.1	0.9
	建筑领域	1.17	1.33	1.23	1.22	0.86
	废水处理或废物管理	0.25	0.27	0.27	0.29	0.3

数据来源：经合组织环境数据库（OECD Environment Database）。

4. 绿色技术创新服务平台逐渐增多

为了促进绿色技术创新，2020年国家绿色发展基金正式揭牌成立，加快推进生态环境综合管理信息化平台建设。

浙江省设立国家绿色技术交易中心。该中心的主要目标是实现绿色技术的市场化，促进绿色创新技术在不同的主体之间进行交易和流动，在一定程度上能够加快绿色技术创新成果的转移和转化，而且引入市场化的机制也能促进企业进行绿色技术创新的积极性。

江苏省开通"绿色技术知识产权公共服务平台"。该平台聚焦绿色技术创新服务，涵盖清洁能源、清洁生产、环境治理、生态保护与修复、城乡绿色基础设施和生态农业6大产业的200多个技术分支，收录全球103个国家300多万条专利文献，每周推送全球绿色技术创新成果；动态分析全球主要国家和地区，中国主要省市及江苏省各市的绿色技术专利的区域分布情况；同时与江苏省绿色技术企业的专利、商标等相关信息进行关联，助力关联企业与高校间的产学研对接；平台对接国家专利电子申请、专利审查信息查询、专利公布公告、商标电子申请和公告等业务通道，为创新主体提供一站式服务。

山东省创立绿色铸造技术创新服务平台。该平台预计总投资额达到1亿元，主要服务于铸造技术的绿色转型和产业结构的升级，可以为不同的企业提供综合性的服务，目前已经服务或正在提供服务的企业达到了300多家。主要的技术服务包括数字化绿色铸造生产线、绿色铸造产品数字化设计、数字化绿色铸造装备、绿色铸造云服务平台等领域。

工业和信息化部于2017年推动成立了中国绿色制造联盟。该联盟提供绿色工厂、绿色供应链等与制造业相关的政策、数据、资讯等相关信息，主要致力于绿色制造金融对接、绿色制造国际合作和绿色制造理念的传播等服务，同时协同推进中国制造业绿色转型升级，积极探索工业绿色发展新路径，加快把绿色制造产业打造成为经济增长新引擎和国际竞争新优势。

（二）国外绿色技术创新的发展现状及趋势

1. 美国

美国目前正在大力推行的绿色新政致力于绿色产业发展，积极制定了20000亿美元的绿色发展战略，其中明确提议在2035年实现100%的清洁能源发电，重点是将大力促进车辆的电动化以及对新能源的研发与利用。

在政府层面，拜登政府签署的新政令规定美国将大幅提高电动汽车的销量，到2030年实现新能源汽车销量占比过半的目标，但目前美国的电动汽车销量占比仅为3%，这表明未来美国的汽车制造行业将迎来风向的大转变。2019年，美国为29个项目提供约4000万美元资金，跨部门实现低负担且可靠的规模化"制氢、运氢、储氢和氢应用"，推进氢能产业规模化。

另外，美国在碳捕集和封存技术方面占据优势，拥有数量众多的大型碳捕集和封存技术设施（全球51个，其中10个就在美国），在研究领域也独占鳌头。碳捕集与利用技术被认为是实现碳中和的核心技术，是将石化燃料发电厂、工业活动等排放的二氧化碳转换为高附加值石油化学原料、合成燃料等技术。仅在2020年，美国能源部就宣布资助高达1.31亿美元的碳捕集、利用和封存研发项目。2021年，美国能源部启动多个减排项目，包括为碳捕集和封存项目提供4500万美元，助力天然气发电、水泥和钢铁生产等碳排放源脱碳；投资3500万美元开发减少石油、天然气和煤炭行业甲烷排放的技术；投入1300万美元开展17个减排项目，以降低联邦机构建筑的碳排放[1]。

在其他新能源的研究和开发方面，仅在2020年，美国能源部就分别提供9700万美元、1.255亿美元和1亿美元的资金支持用于生物能源研究和开发、太阳能技术资助计划以及低碳能源技术的研究和开发。截至2020年年底，美国太阳能发电装机容量已达到创纪录的19.2GW，预计到2035年，在不提高电价的情况下，太阳能有可能供应全国40%的电力，推动电网深度脱碳，并创造多达150万个就业岗位，如加利福尼亚州实施"百万太阳能屋顶计划"，太阳能发电占全国太阳能发电总增长的43%[2]。美国能源部制定的《能源地球计划》，期望加快在未来10年内推出更丰富、更经济和更可靠的清洁能源解决方案；投入5250万美元改进电解水制氢设备，开展生物制氢研究、电化学制氢研究和燃料电池系统设计等共31个氢能项目。美国政府制定或参与的部分绿色技术创新法案和政策见表5-5。

---

[1] 数据来源：WIPO GREEN（世界知识产权组织——WIPO 的全球绿色技术平台）。
[2] 数据来源：WIPO GREEN。

表 5-5　美国政府制定或参与的绿色技术创新法案和政策

时间	部门	法案或政策名称	具体内容
2020年	美国能源部	《恢复美国的核能源领导地位战略》	该政策对如何增强和促进核电技术的发展和应用提出了指导意见和政策建议，其中就明确提出要扩大核电的应用广度和深度，同时要确保跟国家安全有关的核电技术的保密性，并采取有效措施防止核电技术的外溢
2021年	拜登政府	《应对国内外气候危机的行政命令》	该行政命令指出在完成对气候变化的全面审查之前，不能在公共土地上租赁新的石油和天然气。鼓励各级政府和相关利益者参与和落实应对气候危机的具体方法，大力发展生物能源技术和清洁环保技术
2021年	拜登政府	《基础设施投资和就业法案》	该法案计划投资12000亿美元用于绿色清洁能源技术（电池、风力涡轮机）等基础设施投资和促进就业率的提高，大力发展和推广电动汽车的使用和普及
2021年	美国众议院能源与商业委员会	《清洁未来法案》	该法案的提出是为了应对气候危机，促使美国逐步减少温室气体的排放，并达到净零排放的目标，并对具体部门（电力部门、交通部门工业部门）以及整个经济领域（国家气候目标、州气候计划、环境正义、减少废物）提供绿色清洁能源解决方案和建议，促使各州、社区和企业向清洁能源经济转型

除了美国政府正在大力实施和发展绿色技术创新，其企业和科研院所也在积极地推进绿色技术创新战略，如美国SOM公司正在设计新型减碳建筑。该建筑整合了最小化材料、碳捕集和生物材料等技术，每年可从自身管道和空气中吸收约1000吨二氧化碳。美国Summit Carbon Solutions和

Navigator公司计划修建一个涵盖艾奥瓦州66个县的二氧化碳运输管道，从而降低该区域煤炭、乙醇和化肥等行业的碳足迹。2018年，微软数据中心50%的电力来自可再生能源，到2023年这一比例将达到100%。其他企业的绿色技术创新情况见表5-6。

表 5-6　美国企业/科研院所绿色技术创新的具体做法和措施

企业/科研院所	绿色技术创新现状及趋势
亚马逊	2020年宣布投资20亿美元用于"可持续的去碳技术"，以消除其碳足迹。亚马逊还承诺，2025年达到100%的可再生能源使用率
微软	微软自2012年开始就已实现碳中和。2020年1月，微软宣布将在2030年实现碳负排放；到2050年还将从大气环境中消除部分碳排放，同时微软还承诺，到2025年实现100%采用可再生能源。2021年年初发布了一支10亿美元的气候基金
谷歌	世界上第一家实现碳中和的公司。从2007年开始实现碳中和，其全球业务（包括数据中心和办公室）于2017年实现100%使用可再生能源。通过购买高质量的碳补偿，谷歌于2020年抵消了其全部碳遗产，成为全球首家实现生命周期净碳足迹为零的企业。谷歌发布"第三个十年的气候行动"，承诺到2030年在全球范围内实现24小时全天候采用无碳能源的目标
苹果	苹果公司数据中心自2014年起全部采用100%可再生能源供电，在2018年实现自身的场所设施（零售店、办公室、数据中心等）100%采用可再生能源供电。目前，已有超过70家供应商向苹果公司承诺100%使用可再生能源制造苹果公司的产品。这可以每年降低超过1430万吨的二氧化碳排放量，相当于每年减少300万辆以上的汽车上路。2020年7月，苹果公司承诺到2030年为整个业务、生产供应链和产品生命周期实现碳中和
脸书[①]	最大的可再生能源采购商之一，是2018年和2019年美国最大的清洁能源买家。2020年开始，脸书实现全球运营（范围1和2）的净零温室气体排放，以及100%使用可再生能源目标。脸书承诺到2030年在整个价值链（范围3）上实现温室气体的净零排放

① 脸书现已改名为元宇宙（Meta），本书仍沿用旧称。——编者注

续表

企业/科研院所	绿色技术创新现状及趋势
斯坦福大学和比利时鲁汶大学	该合作团队发现了将甲烷转化为甲醇的新方法。这种方法如果得到推广和普及，将在很大程度上推动新一代清洁燃料电池的发展，并能极大地减少甲烷的产生，对自然环境具有很好的保护作用。而且甲醇比天然气和纯氢更容易储存和运输，使用起来更加方便和环保
加州大学圣地亚哥分校与韩国乐金公司联合研发	使用固态电解质和全硅阳极，创造了一种新型的硅全固态电池，为使用硅等合金阳极的固态电池开辟了一个新领域，有望用于从电网存储到电动汽车的广泛领域
美国氢能公司Nel Hydrogen US与美国核电厂运营商爱克斯龙（Exelon）合作	2022年完成核电站制氢系统部署，该项目将配备挪威Nel氢气公司最新的1.25兆瓦级MC250质子交换膜电解槽，用于验证核能制氢的经济可行性，并为未来大规模制氢提供模板
在其他互联网公司方面	财捷集团（Intuit）于2015年实现碳中和，承诺以2018年的碳足迹为基准，到2030年减少50倍的碳排放量，并实现100%使用可再生能源；软件营销部队（Salesforce）于2017年实现温室气体的净零排放，并为所有客户提供碳中和云，承诺到2022年实现100%使用可再生能源；美国奈飞公司（Netflix）承诺到2022年年底实现温室气体的零碳排放；贝宝（PayPal）承诺到2023年数据中心实现100%可再生能源使用率，到2040年在运营和价值链中实现零温室气体排放；奥多比系统公司（Adobe）承诺到2035年实现100%使用可再生能源

资料来源：WIPO GREEN。

2. 俄罗斯

俄罗斯作为传统能源生产和使用大国，为了实现经济可持续发展和绿色发展，近年来也发布了一系列与新能源技术开发和使用有关的支持政策，以便促进经济向低碳绿色转型。为了更好地发挥市场机制在促进新能源发展方面的作用以及能够集中资金大力推进绿色项目的发展，政府还发行了由国家补贴的绿色债券等资金方面的支持。俄罗斯利用自身的技术优势和资源优势，加快了氢能的开发和使用。于2020年制定了《俄罗斯2024年氢能发展规划》，明确规定了氢能的发展路线和目标，计划逐年提高氢能的产量并扩大氢能的使用范围和领域[①]。2021年，俄罗斯出台了氢能源发展构想。该构想明确指出用3年半的时间打造一个以氢能为主的集生产和出口为一体的产业集群，积极鼓励各行各业使用氢能，同时加大了对相关基础设施的资金补贴。2030年前俄罗斯至少会建成7.2万个电动车充电站。规划分两个阶段实施：第一阶段为2021年至2024年，计划推出至少9400个充电站，其中至少2900个是快速充电站。第一阶段的另一个关键指标是电动车产量达到每年至少25000辆的水平。第二阶段为2025年至2030年，计划建成运营至少7.2万个充电站，其中至少2.8万个是快速充电站。俄罗斯能源相关政策见表5-7。

同时，俄罗斯在发展绿色能源开发方面也加快了国际合作。如与意大利电力公司和丹麦维斯塔斯公司合作在俄罗斯本土共同投资风电场建设。为了加快新能源开发的速度和进程，近年来俄罗斯扩大了国际合作的范围，与法国、奥地利等国就新能源开发和利用进行了有益的接触和商讨，以便在可能的领域进行合作，而且俄罗斯的公司也积极在东南亚等地投资风电产业。

表 5-7 俄罗斯能源相关政策

时间	相关政策	具体内容
2020年	《俄罗斯2035能源战略》	该战略明确了各项能源到2035年需要达到的指标，其中明确指出逐年减少石油和煤炭的生产量，预计到2035年，石油开采量下降至4.9亿~5.5亿吨。增加天然气开采量，预计到2035年天然气的开采量将增加至8600亿~10000亿立方米

[①] 数据来源：《2020年世界科技发展回顾·新材料与能源环保》。

续表

时间	相关政策	具体内容
2020年	《俄罗斯电力行业数字化转型》	该战略规划制定了对电力行业进行数字化转型的方案以及需要实现的战略目标。该规划具体指出到2030年要实现的具体目标，逐年降低燃料的消耗和增加非石化燃料电源的比例。如到2030年，将发电厂的备用容量减少到17%
2021年	《俄罗斯到2050年前实现温室气体低排放的社会经济发展战略》	该战略明确了俄罗斯实现能源转型和碳中和的目标计划，到2050年前实现碳排放量比1990年的排放水平减少80%，并且该计划明确指出要大力发展绿色金融，刺激二次能源使用，提高温室气体的回收利用技术

在核能领域，作为老牌的核大国，俄罗斯在核能技术领域的发展，特别是快中子反应堆技术处于世界领先水平，这种技术在一定程度上能够减少放射性核废料的产生，对环境具有很好的保护作用。2018年核能发电占全国总发电量的18.7%，这一比例预计到2030将达到全国总发电量的25%~30%。按照目前的发展速度和进程，到21世纪底，核能发电将会占到总发电量的75%左右。2021年启动建设世界首台新一代BREST-OD-300核电机组。BREST-OD-300这种新型的机电组包含有燃料的回收模块，能够实现核燃料的封闭循环，更好地体现了核电在环保和节约资源方面的绿色技术突破。

3. 法国

法国于2020年制定并发布了"国家经济复苏计划"和"国家氢计划"，将分别投入300亿欧元和72亿欧元大力发展绿色建筑、绿色交通和氢能技术的研发等领域。在经济领域加大氢能的使用比例，扩大氢能的使用范围，如把氢能运用在航空领域。2021年，道达尔和能源公司（Engie）合作建设法国最大的制氢基地，结合太阳能和生物质生产绿色氢气。通过采用创新解决方案，可以很好地应对太阳能发电的间歇性和生物燃料工厂要求持续供应氢气之间的矛盾。阿尔斯通研制的新型氢能列车计划在2023年开始在法国运行，该列车不仅可以在电力牵引下运行，还能够通过安装在车顶的燃料电池供电行驶，氢能续航能力达到600公里。

核能方面，法国将投资10亿欧元用于开发设计功率为170兆瓦的小型模块化核反应堆，目标是在2030年推出创新性小型堆，并优化核废料处理。法国启动的Nuward小型堆项目将采用内部加压水技术，如出现严重事故，无须人工干预也可自行冷却数日。为了尽快实现能源转型，促进绿色发展，法国推出了《多年能源计划》时间表，准备分批次按步骤缩减高能耗、高污染燃料的使用，如减少核反应堆的数量，降低核电比例。逐步扩大氢能、风能和太阳能在经济领域的应用。

4. 英国

为了实现人与自然的和谐发展，促进绿色技术创新和扩大其应用范围，英国于2020年发布了《绿色工业革命十点计划》，将提供巨额资金促进碳捕集、利用和封存技术、核能、绿色建筑、风能和绿色金融等领域的发展。为应对气候变化，实现2050年零排放目标，英国逐步限制高消耗、高污染行业的发展，降低燃油汽车的使用，实现向新能源汽车转变，并且利用自身的地理位置优势和技术优势，大力发展风能、氢能、核能和碳捕获、使用和储存技术，扩大绿色清洁能源的应用领域和范围。

2021年，英国商业、能源和工业战略部投入9200万英镑的公共资金，为储能、海上风能和生物质生产等创新绿色技术提供支持，助力英国能源系统向清洁、绿色转型。英国商业、能源和工业战略部投入5500万英镑支持工业低碳替代燃料技术，包括将电锅炉、电窑炉和电熔炉等工业电器进行低碳化改造等。同时公布了减排计划表，扩大了减排的领域和范围，如把航空和海运也纳入了减排的范围，争取在21世纪中期实现降低碳排放的目标。英国玻璃企业皮尔金顿在利物浦市的圣海伦斯工厂启动了使用100%氢气生产浮法（片）玻璃的试验，将于2022年继续验证氢气的安全性和经济性，并开展氢气规模生产玻璃试验。该项目是"HyNet工业燃料转换"项目的一部分，旨在测试氢在制造业中如何取代化石燃料，从而在食品、饮料、电力和废物等领域开展大规模使用氢气的新项目。英国政府还投资2.2亿英镑促进污染最严重的碳密集型行业清洁低碳转型，实现2050年净零排放目标。该项资助计划将帮助英格兰、威尔士和北爱尔兰的钢铁、制药、造纸、食品饮料等行业简化生产流程，提高能源效率，减少碳排放。相关企业将采取一系列广泛的减排措施，包括：安装更高效节能的锅炉、电机和热泵，以取代其燃气锅炉和蒸汽轮机；开发工业碳捕集、燃料转换和废热回收再利用技术，实现工业部门减排可持续发展目标等。2021年，英国首个循环燃气发电项目Allam-Fetvedt完成了前端工程设计，2025年建成后将具备300兆瓦的能源供应能力以及80万吨的碳捕集能力。

为了有效治理海洋污染，英国人工智能团队利用卫星数据，使用机器学习算法进行塑料垃圾的辨别和区分，这种技术能够提高对海洋塑料垃圾的监测和处理效率，节省了大量的人力、物力和财力。为了应对填埋和焚化产生的环境污染问题，英国国家科研与创新署投入2000万英镑对垃圾处理设备进行更新换代和升级，提高其对垃圾循环利用的处理能力，并且与高校合作共同研发可再生塑料等技术，同时也提供相应的资金支持。伦敦帝国理工学院开发出一种全新人造材料——强度增加但质量依旧较轻，这种材料是利用多向晶格，并结合智能3D打印技术制成的。

5. 德国

在政府层面，2021年德国的研发预算占政府能源支出总额的25%。预算支出主要用于太阳能和风能的研究。太阳能获得了总研究资金的45%以上，而从2005年起，用于氢和燃料电池研究的比例已逐渐增加到20%。许多监管政策和补贴也在使德国成为太阳能和风能领域的市场领导者方面发挥了作用，如《可再生能源法》。德国高度重视绿氢的发展，视其为能源转型和可持续增长的关键原材料，德国国家氢委员会发布《德国氢行动计划

2021—2025》，其中包含80项提案，为有效实施国家氢能战略提出具体行动建议。与此同时，德国联邦经济部和交通运输部计划投资超过80亿欧元资助62个大型氢能项目。这些项目涵盖了从氢气生产运输到工业应用的整个氢能价值链。从当前来看，德国的替代能源技术在所有欧洲国家中发展最快。德国于2021年实现了一百万辆电动汽车上路的目标。德国政府通过了加强沼泽地土壤保护的目标协议，计划到2025年通过能源和气候基金提供约3.3亿欧元资助沼泽复湿的具体措施。2021年，德国政府加快了绿色能源部署，逐步淘汰高污染能源的使用，如煤炭，计划在2030年前逐步淘汰煤炭的使用，温室气体的排放量至少要比1990年减少一半。在未来几年德国将继续加大对清洁能源技术和气候相关技术领域的投入，预计将财政预算的23%~31%分配给环境保护、绿色技术创新和新能源开发领域，以实现其绿色发展和碳中和的目标。

在企业/科研院所层面，2020年德国汉莎航空公司首次使用由动植物油脂制造的可持续航油完成了货运航班的飞行，这种可持续航油更加低碳和环保。德国弗劳恩霍夫应用研究促进协会开发了一种可实现氢气和天然气混合运输的新型膜技术，混合气体经过两次分离后可获得纯度高达90%的氢气。该公司正在对该膜技术进行优化，以使氢气纯度进一步提高。乌尔姆亥姆霍兹研究所开发出能量密度高达560瓦时每千克且稳定性良好的新型锂金属电池。伊尔梅瑙工业大学与合作伙伴共同开发了世界首个电动汽车测试系统。慕尼黑工业大学等合作开发了以甲醇为动力的汽车，能耗与纯电池电动汽车相当。亥姆霍兹柏林能源与材料中心研发出功效更高的新型太阳能电池。

6.日本

在政府层面，日本政府制定了实现能源发展目标的《能源基本计划》，其中明确指出为实现绿色发展和减少能源消耗对环境的破坏，要优先发展可再生能源，逐步提高可再生能源发电占总发电量的比例，大力发展绿色技术，扩大氢能的使用率和范围，降低煤炭、化石能源和核电等高污染能源的使用，综合发展多种能源，提高能源的自给率。日本新能源与工业技术发展机构于2021年10月启动海运脱碳计划，使用氢和氨作为燃料取代石油，开发不排放温室气体的新一代船舶。日本新能源产业技术综合开发机构宣布在"碳循环、下一代火力发电等技术开发"框架下，投入160亿日元支持二氧化碳资源化利用技术开发。日本政府从绿色创新基金中拨款3700亿日元用于在未来10年内加速氢能技术研发、促进氢能使用。日本新能源产业技术综合开发机构也宣布在"燃料电池大规模扩展应用产学研协同攻关项目"框架下投入66.7亿日元，以推进氢燃料电池研发。日本政府于2020年颁布了《革新环境技术创新战略》和《2050年碳中和绿色增长战略》，这两份战略的制定明确提出了要加快在不同行业和领域进行减排技术创新的步伐。重点发展绿色创新技术和清洁能源技术。

在企业/科研院所层面，日本海洋研究开发机构与丰桥技术科学大学已确认在北冰洋科研航海中采集的一种定鞭藻类浮游植物"Dicrateria rotunda"具有与石油相当的饱和碳氢化合物合成能力，该成果将有助于实现生物燃料开发。东京都立大学在2021年开发出可回收空气中二氧化碳，且吸收效率最大能达到目前二氧化碳捕集物质10倍的方法。如果能够实用化并推广普及，那么到2050年人类排放的大部分二氧化碳都有望回收。日本信息和通信技术公司与富士通有限公司正在合作开发一种可用于大型工厂和小型办公室的废塑料转换技术。这种废塑料液化方法允许从通常不能回收或可回收的废物中生产可重复使用的油。这些材料包括不同类型的难以分离的塑料制成的产品，如笔记本电脑，或与金属元素混合的塑料，如电脑电缆、键盘和鼠标，以及不可回收的包装材料。该技术可以有效地从垃圾中去除树脂，并回收稀有金属。自2017年加入WIPO GREEN以来，富士通已在其在线数据库中注册了500多项与环境相关的知识产权资产，包括废旧塑料液化技术。

7. 韩国

在政府层面，2020年韩国政府制定并宣布了"绿色新政"计划和《2050碳中和促进战略》，从颁布的计划和战略规划中可以看出，政府将斥巨资加大对绿色产业、绿色基础设施和清洁能源等的支持，加快绿色技术创新产业的发展。与此同时，韩国政府于2021年制定了《碳中和技术创新推进战略》，该战略把碳捕集与利用技术、太阳能、氢能、生物能源、风能等绿色技术作为发展的重要关键技术。韩国贸易、工业和能源部旗下的氢能有轨电车项目将进入商用化和量产阶段，并计划到2040年生产620万辆氢燃料电池汽车，建设1200个加气站。该氢能有轨电车车内搭载氢燃料电池，不需要外部电力供应设施，成本相对低廉，有望成为替代地铁的交通工具。韩国国会于2021年也通过了《为应对气候危机之碳中和与绿色增长基本法》，并确定了2030年温室气体减排目标以及2050年碳中和实施方案，计划2030年温室气体排放量较2018年缩减40%[①]。另外，韩国政府为推进绿色新政的建设，投入了630亿美元的财政资金支持，绿色新政的具体内容见表5-8。

表5-8 韩国"绿色新政"的具体内容及投资额分配情况

	投资项目	具体内容	投资额（亿美元）
基础设施绿色转型	建立清洁安全水管理系统	建设基于信息与通信技术和人工智能的供水系统	29
	改造零能耗公共设施	23万多个公租房、幼儿园等老旧建筑安装可再生能源发电等设备	53
	恢复城市生态系统	打造25个绿色智慧城市	21

---

① 数据来源：《2021年世界科技发展回顾·能源环保》。

续表

	投资项目	具体内容	投资额（亿美元）
低碳分布式能源	促进可再生能源使用和支持公平转型	对13个地区进行海上风电可行性研究	78
	构建智能电网	在42个岛站地区建立可再生能源发电和储能系统	17
	扩大电动汽车和氢燃料汽车的供应	新增113万辆电动汽车和20万辆氢燃料汽车	111
绿色产业创新	绿色技术研发投资和发展绿色金融	研发碳捕集与封存技术；为绿色产业提供16亿美元的贷款	23
	建立低碳、绿色工业园区	打造10个绿色智能产业园区、1750个绿色工厂	31

在企业/研究院所层面，韩国研究团队于2020年研制了一种能够提高丙烯生产效率的高效催化剂。韩国基础研究院多维碳材料研究中心和蔚山科学技术院自然科学部研究团队，经过双方长期的努力和不断的探索，终于研发出在常温常压条件下就可以通过简单工序将石墨烯转换成超薄膜金刚石的新技术。其他企业的绿色技术创新情况见表5-9。

表5-9　韩国企业/科研院所绿色技术创新的具体做法和措施

企业/科研院所	绿色技术创新现状及趋势
三星	发布了"Galaxy for the Planet"可持续发展计划，把废弃渔网作为回收利用材料，将其转化为智能手机的一部分，而且还将可回收塑料应用于Galaxy S22系列的扬声器模块、电源键和音量键内部，包装还采用了100%再生纸，塑封皆由再生塑料制成，而且全系保护壳均采用获得UL认证的环保材料

续表

企业/科研院所	绿色技术创新现状及趋势
现代汽车	加快发展氢能汽车，其显著优势是绿色环保而且具有充氢速度快、行驶里程长的特点
韩国原子能研究院	成功研发出捕捉原子运动的超高速电子衍射装置，能够实时捕捉分子结构的变化。研发的超高速电子衍射装置的时间分辨能力为32飞秒，在国际上处于领先水平

二、构建市场导向的绿色技术创新体系政策建议

技术推动和市场拉动因素是绿色技术创新的相关驱动因素。促进有效市场和有效环境管理的协调是在保持经济增长的同时减轻环境挑战的有效方法。在实施碳排放交易政策时应大力加强环境治理的制度安排。这种市场主导、政府引导的模式应该战略性地处理好市场与政府的关系，科学地确定政府与市场行为的最优边界。

（一）政府层面

一是持续推进全国碳市场制度体系建设。加快推动《碳排放权交易管理条例》等立法进程，设计更多的激励措施，使企业更愿意投资绿色创新。加大对企业节能改造、技术升级或人才储备的支持力度，重视政府补贴对非国有企业绿色技术创新的支持作用。政府应采取适当提高行业集中度，保持企业间竞争处于最佳水平，明确定期发布碳交易制度政策等措施，帮助企业积极应对可持续发展趋势。优化市场竞争机制，引导企业将环境责任内部化为自觉追求，增强企业通过绿色创新获得差异化竞争优势的主动性。实施绿色信贷政策，减少对信贷市场的干预，主要依靠市场配置信贷资源，从而提高银行信贷的配置效率[3]。

二是协调区域产业发展，促进绿色技术的推广。为了实现科学技术的互联互通和开放共享，政府部门可以优化投资资源在不同地区之间的配置，并根据各地区的实际情况合理配置现有资源，实现各地区技术创新的独特性和适用性，这有利于促进企业技术创新效率的突破性发展。鼓励西部地区的企业与东部地区的企业进行合作，特别是在绿色技术创新方面，可能会扩大空间溢出效应。打破资源配置的制度壁垒和行政壁垒，坚持公开、开放、透明的市场原则，促进要素在区域间的合理流动，实现绿色技术在区域间的交流与转让。

此外，政府也应该密切关注区域协同创新的需求，促进技术和相关交易市场的区域一体化，鼓励企业使用节能、污染控制、产品回收等先进技术和设备，提升企业在绿色技术创新中的主动性。东部地区在绿色技术创新方面表现较好，可以率先构建我国开放式绿色技术创新高地，更好地带动其他地区的发展。要形成合理的发展梯队，将京津冀地区、长三角地区和粤港澳大湾区建设成为地区创新转型升级的发展高地。对于中西部地区，政府应带头优化创新基地布局，探索结合各自特点的技术创新模式。

三是改善绿色技术创新环境，培育科技创新产业。政府可以对环保型企业和产品采取政策折扣和价格补贴，减少对环保设备的进口[4]。优先发展环保产业、循环利用产业、工业环保、绿色食品产业，激励和保障绿色技术创新行为。在生产过程中是否使用环境无害化技术与相关产业政策和标准有着重要关系。因此，结合我国的实际情况，借鉴和参考西方发达国家的环境标准体系也是完善环境监管机制的重要途径，这样可以加快实现制定和完善我国绿色产业政策和环境标准，创造出有利于企业发展的客观环境，提高企业进行绿色技术创新的积极性和主动性。

四是发展数字金融，提高数字技术利用效率。创新的金融模式有助于打破绿色技术创新面临的瓶颈。同时，数字金融也可以丰富企业的融资渠道和融资方式，如供应链金融、消费金融等。通过区块链和大数据技术加强金融主体之间的联系，缓解企业融资约束，促进产业间生产要素的合理配置，推动产业结构转型升级，促进绿色技术创新。

五是明确与污染排放水平挂钩的环境税率浮动标准，逐步提高环境税率。我国环境税正处于"税收转型"阶段，单一的环境税收政策无法同时实现环境效应和技术创新激励效应的双重目标，而且当前税率水平难以有效遏制污染排放。随着环境保护的重要性越来越明显，环境税应逐步回归其本质效应，可以调整内部税收标准，逐步提高排污费标准，提高外部性的内部化水平。

六是加强环境信息披露以及环境标签认证。向符合特定环境标准的企业颁发环境标签和证书，减少消费者和企业之间的信息不对称，向消费者传达关于产品生命周期的环境或健康信息。环境标签通过第三方组织证明企业产品的生产、使用、召回和处置过程符合环境要求。利益相关者传达有关其生命周期内制造产品的环境和健康信息，并使消费者和生产环保产品的企业共同受益。

七是政府应构建开放的协同创新机制，加强以企业为主体、以市场为导向的产学研结合，引导企业将环境责任内化为自觉追求。特别是对于小型企业、制造企业和华中地区的企业，政府应该为企业的绿色创新提供更多的财政支持和设计更多的激励措施，如税收再融资、环境补贴、低碳知识产权保护和低碳融资体系。

八是加强排污权交易政策的市场化运作，扩大排污权交易政策试点范围。在排污权交易政策的实施中，要注重发挥好政府与市场的协同效应。政府应根据过去试点期间的经验，及时调整市场干预程度，主要发挥市场监管作用，营造良好的市场氛围，并需要更多地强化排污权交易政策的市场化性质，增强公司的市场定位，鼓励创新要素的市场化流动，从而最大限度地实现排污权交易的制度红利。结合各地区不同的经济发展水平，审慎、及时、适当地实施污染交易政策，引导更多的企业开展绿色创新，建立区域协同治理体系，发挥周边地区的综合优势，进一步实现创新型区域的绿色协调发展。

九是继续打造国际绿色技术交易平台，加强国际技术合作，促进技术在国家之间的流动[5]。借助国际发展，加强政府与政府之间的合作。这样可以实现优势互补，提高绿色技术创新的效率，更好地满足生态环境保护和经济可持续发展的要求。

（二）企业层面

企业作为绿色技术创新的主体和具体实施者，要充分利用国家的支持政策和自身的技术优势进行面向市场的绿色技术项目的研究工作，不断提高自身的绿色技术创新能力，促使企业向更符合社会发展要求的高端制造、绿色制造和智能制造转型，进而实现可持续发展的目标以及在激烈的竞争市场上获得竞争优势。

一是企业应关注市场需求，进一步发展创新能力，生产出符合社会和消费者需要的产品。企业应改进衡量创新产出的方法，提高专利质量，避免盲目追求专利数量的增加[6]。企业可以通过加强专业知识的学习来管理绿色创新所涉及的变革。充分利用优势技术进行绿色工艺创新，满足市场对绿色产品创新的需求。将环境创新活动的重点更多地放在产品改进和为消费者带来利益的环境问题上，增加绿色消费产品供给。

二是企业应加快从要素驱动型发展模式向绿色创新驱动型发展模式的转变。在各个阶段设定绿色技术发展的新目标，对绿色技术创新活动进行科学有效的管理，学习先进的绿色技术和工艺，引进绿色生产设备。

三是大中型企业可以在不同地区设立绿色生产分公司或办事处。这不仅可以降低运输成本，而且还可以增加大中型企业的聚集度，形成规模效应，新的生产模式可以使生产过程更加紧凑，降低能耗。此外，大规模绿色生产设备的普及有利于进一步提高工业生产的机械化和自动化程度，提高技术创新效率，减少生产过程中的放射性污染物。

四是增强企业与研发机构合作。多主体合作并结成联盟，分担研发成本和风险，确保其在市场上的竞争优势。绿色技术研发机构与企业加强沟通，不但有助于实现科研水平的提高，更符合企业自身对绿色技术的要求，进而实现双赢。

（三）个人层面

消费者对绿色产品的需求是鼓励企业进行绿色技术创新的重要外部驱动力。因此作为消费者应该加强绿色消费意识，改变现有资源浪费型的消费模式，促进绿色技术创新的不断发展。

一是提高环保意识，增加绿色产品消费。消费者在购买产品的过程中主动选择节能、环保产品和相关服务，如绿色有机食品，低能耗家具家电等[7]。消费者的需求变化会导致供给市场的相应变化，企业会根据市场需求调整产品结构，促使企业生产满足消费者需求的产品，从而在一定程度上推动企业进行绿色技术创新。

二是积极倡导绿色生活方式。在出行时要尽量采用拼车或者是公共交通等方式，尽量减少具有高污染性质的日常用品使用，如购买生产过程更绿色、更健康的农产品，新型能源汽车以及带有环保标志的电子产品等。提倡自带购物袋和重复使用环保购物袋。

三是积极参与企业的绿色互动平台建设。为了引导个人增加低碳行为，带动更多的人选择低碳环保绿色的生活方式，有些金融机构针对消费端开发出了个人碳足迹和碳账户等绿色金融创新形式，具体如北京"我要碳中和"小程序以及南京"我的南京"小程序等。用户可以通过积极参与活动获得碳积分并兑换公益奖励，从而激励用户培养绿色消费习惯，增加低碳行为、选择绿色产品，形成企业与消费者的良性互动和反馈。

本章参考文献

[1] 庄芹芹,吴滨,洪群联.市场导向的绿色技术创新体系:理论内涵、实践探索与推进策略[J].经济学家,2020(11):29-38.

[2] 朱于珂,高红贵,肖甜.工业企业绿色技术创新、产业结构优化与经济高质量发展[J].统计与决策,2021,37(19):111-115.

[3] 尤喆,成金华,易明.构建市场导向的绿色技术创新体系:重大意义与实践路径[J].学习与实践,2019(05):5-11.

[4] 郭滕达,魏世杰,李希义.构建市场导向的绿色技术创新体系:问题与建议[J].自然辩证法研究,2019,35(07):46-50.

[5] 杜丽娟,韩国玥,任伟,等.碳减排视角下京津冀绿色技术创新体系供求失衡及对策分析[J].经济论坛,2021(12):25-33.

[6] 何智励,汪发元,汪宗顺,等.绿色技术创新、金融门槛与经济高质量发展——基于长江经济带的实证[J].统计与决策,2021,37(19):116-120.

[7] 尹思敏.关于构建绿色技术创新体系的思考与建议[J].中国经贸导刊,2019(23):61-63.

第六章
绿色技术评价方法与应用案例

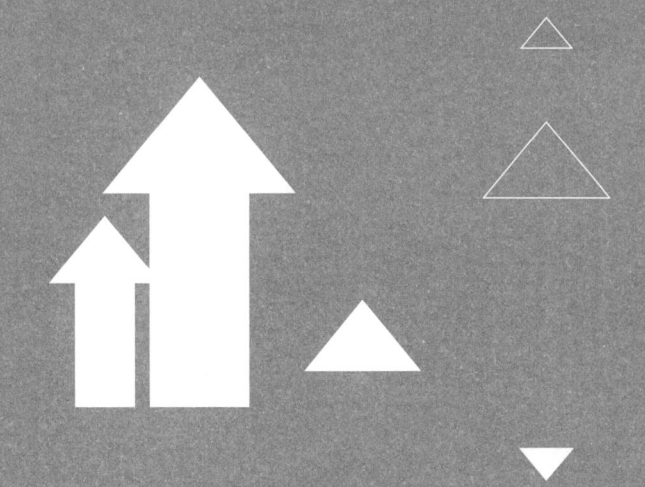

对各主体所研发和应用的绿色技术进行评价，有助于为绿色技术创新和应用提供方向指引，在全社会范围内产生良好的示范效应，既是促进绿色技术创新涌现、推动绿色技术推广应用的关键手段，也是构建市场导向的绿色技术创新体系的重要内容。当前，技术评价理论和方法众多，在实际应用中，政府、企业和研究机构所采用的评价方法、评价指标各不相同，选择标准五花八门，对相关工作的开展带来了一定的困扰。本章在梳理技术评价相关理论的基础上，进一步介绍了绿色技术评价的指标体系和评价方法等内容，以期为相关主体在绿色技术评价实践中提供理论和经验借鉴。同时，本章还对绿色技术应用的经典案例进行了介绍和分析，帮助读者充分了解我国绿色技术创新和应用状况。

一、绿色技术评价方法

（一）技术评价的理论基础

1. 技术的概念

按技术的大类划分，可区分为广义技术和狭义技术。所谓狭义技术就是人们通常所说的技术，它包括具体的人造物质产品，并通过工程方法创造和使用，如生产技术、工程技术、医疗技术等，是关于人与自然关系的技术。如我们一般所指的各种工艺操作方法和技能、各种生产工具和物资设备。所谓广义技术大体上指人类改造自然、改造社会和改造人本身的全部活动中，所应用的一切手段和方法的总和，泛指一切有效用的手段和方法。因此，狭义地看，可以把技术定义为"人类为了满足社会需要而依靠自然规律和自然界的物质能量和信息来创造控制应用和改进人工自然系统的手段和方法[1]"；广义地讲，可以把技术定义为"技术是合理有效活动的总和，是秩序、模式和机制的总和[2]"。

关于技术的要素，从不同的角度可以划分为不同的类型，典型的划分方法有两种：一种是关于技术的构成要素，另一种是技术要素的表现形式。对于技术的构成要素，通常是根据生产力要素的划分而对照进行的，有人将其表述为客体要素、主体要素和结构要素。陈昌曙教授把其换成一个大同小异的说法，表述为实体要素、智能要素和工艺要素。工具、机器和设备等物质实体是技术的实体性要素，知识、经验、技能等是技术的智力要素，工艺流程等是技术的工艺要素。技术由实体、智能、工艺因素构成，这是从普遍意义上说的，即任何一个特定的技术都包含着这种普遍性，都是物质手段与人的智力的结合。从技术的要素在现实中的表现形态可以分为三类：一是经验形态的技术要素，主要是指经验、技能这些主观性的技术要素；二是实体形态的技术要素，主要是指以生产工具为主要标志的客体性技术要素，实体技术也可以在不同历史时期分为手工工具、机器装置和自控机等三种表现形式；三是知识形态的技术要素，主要是指以技术知识为象征的客体化技术要素。

2. 技术评价的概念

技术评价是人类对技术发展认识深化的产物，是对技术的性能和效果进行的评价和估计，是决定技术是否合理、适用进而能否推广的基础。20世纪中叶以来，技术评价是随着工业发达国家的高技术产品带来的环境问题和社会问题的日益严重而发展起来的。60年代以后，人们意识到技术发展不仅要考虑其经济和社会的需求，还要对自然后果和社会后果负责。在这一时代背景下，工业社会开始重视在追求技术的经济效益的同时，也应注意到技术的多种效应对经济发展的影响，特别在规划一些对国计民生有重大影响的技术项目时，既要有发展前的预测研究，也要有事后的评估纠偏，使危害减少到最低限度。

可以说，技术评价是一种政策研究工具，通过系统评价技术对社会、经济、环境、政治、文化等可能产生的影响，为技术管理和政策制定提供客观公正的选择方案，在各国技术淘汰、新技术的准入管理及推广应用上发挥了重要作用[3]。20世纪60年代，欧美国家新技术快速发展带来了环境污染、健康危害等一系列问题，使得公众反对新技术研发，引发了各国议会及政治家在技术发展政策方面的激烈争论。美国国会在1972年通过了技术评估法案，1974年技术评估办公室（Office of Technology Assessment，OTA）正式运行，职能是为国会提供技术影响的早期预警，为技术立法及政策提供中立客观依据。之后，技术评估在欧美、亚洲等地得到了广泛传播，评估组织模式、理论方法也均得到了快速发展。

技术评价可以从狭义和广义两个方面来理解。狭义的技术评价主要是从技术发展、技术开发、产品开发对经济影响的层面上，对技术的性能和功效进行定量和定性结合的具体评估；广义的技术评估是指一项技术的开发，不限于只对技术的经济效益做可行性的分析论证，也考虑对技术的其他社会功效和生态功效做定量或定性的全面评价，如技术推广对国家社会安全与稳定，对社会就业和福利，对人民生活水平提高，对生态环境等方面的后果和影响的评价。

3. 技术评价的特征

（1）客观性。技术评价的目的是获得关于评价对象全面、真实的分析报告，因而所有的评价方法都应建立在可靠的调查数据基础之上，应尽量避免主观因素的影响，保证评价结果的客观性。

（2）可测性和可操作性。技术评价的可测性是指评价指标可以直接度量或通过一定的量化方法间接度量，可测性是客观性的有效保证。技术评价的可测性必须以指标本身的可测度为前提。可操作性是指评价方法可以有效地应用于实际的评价工作。可操作性和可测性是相辅相成的，可操作性是评价方法科学化的重要体现。

（3）预测性。技术评价是一种面向未来的研究，不能满足于就事论事的研究和评价，而是通过对未来可能出现的问题的预测，发现各种消极影响，以便采取防范性措施。

（4）政策性。技术评价包含着对科学技术进行客观评价的思想观点和方法，具有政策相关性和学科交叉性的特征。技术评价是自然科学、预测科学、政策分析交叉作用的产物。技术评价开辟了为未来发展做出正确决策的道路，是技术沿着造福人类的方向发展、沿着最优化的道路发展的重要推动力。技术评价对科学技术政策、社会公共政策将产生重要影响，它直接为这些政策的制定提供科学决策的基础。

4. 技术评价的标准

技术评价有两条标准：技术的合理性和社会的合意性。所谓技术的合理性标准，即为了满足尽可能多的需要，人们总是努力寻求一种途径，以最小的代价来达到所预期的目标，即判断技术的优势，首先要看该技术能否满足以最小投入获得最大产出的原则。所谓技术的社会合意性标准，即从技术化的深远影响来看，技术可行性增加并不一定是技术进步，因为只有在保护自然环境和社会文化相对稳定的状态下，没有造成突然的个人和社会异化的技术变革才具有进步的意义。为了人类社会的可持续发展，人们需要理智地放弃某些技术上可行的，甚至经济上也是合理的技术变革，而追求技术的社会文化总体效益。

（二）绿色技术评价指标体系构建

1. 技术评价的基本原则

技术评价是一个社会经济过程，要受到特定的经济技术发展状况及社会和环境因素的影响和制约。技术评价的一般原则包括：

（1）技术的先进性与适用性相统一。先进技术是一个相对的概念，是指一定时间和在一定空间范围内居于领先水平的技术。这种领先既可能是国际的又可能是国内的或区域的。先进技术强调技术本身的新颖性、创造性。适用技术是指适合于本土资源情况和采用条件，能够对经济、社会和环境目标做出最大贡献的技术。采用何种技术需要考虑本土生产要素的现有条件、市场容量、社会文化环境、技术水平现状等因素。对引进技术则考虑是否具备引进的环境与条件，是否有吸收消化直至创新的能力。因此，选择技术时，应对技术的先进性与适用性进行统一论证。

（2）技术的效益与代价相统一。技术进步能带来经济效益，而这种效益的取得必须付出一定的代价。技术效益体现了技术发展对经济的推动作用，技术代价则体现了经济状况对技术发展的制约，技术的效益与代价构成了矛盾的统一体。在进行技术选择时，应正确处理这一矛盾，进行综合权衡，按照优先目标、突出重点的原则取舍项目。

（3）技术的特定目标与社会效益相统一。选择技术首先要考虑实现其特定的目标，但是任何技术的使用都会产生连锁效果，对社会和环境带来一定的影响。技术的连锁效果是指一项技术的研究开发和利用，一方面可能促进其他相关技术的发展，对整个社会体系的完善起到正向作用，带来良好的社会效益，另一方面可能为社会带来负面作用，如公害、污染等。为了趋利避害，对技术的选择不仅要考虑微观技术经济效益，而且要注重客观的社会效果；不仅要看到技术的直接效果，还要研究分析技术的负效果。

（4）技术结构的合理化原则。技术结构是指各种类型的技术和各种水平的技术在一定时空内的构成比例和结合方式，根据经济发展和产业结构优化的不同需要，技术体系呈现出层次性。因此，选择技术时，要从实际需要出发，选择适于经济发展、产业结构优化的合理化技术和技术系统，形成合理的技术结构。

（5）安全性原则。在进行技术评价时，还要从社会环境及劳动保护角度分析和评价技术方案是否会对工作人员造成人身危害，以及对周围环境造成危害，并考虑技术方案操作、维修的灵活、方便，同类产品要注意标准化、系列化和通用化。

2. 评价指标体系构建

目前我国在绿色制造、绿色产品、绿色工厂、绿色物流、绿色包装、产业园区基础设施绿色化等领域发布了国家标准。在清洁生产的指标体系方面，国家发展改革委、环境保护部、工业和信息化部组织编制的《清洁生产评价指标体系编制通则》（试行稿）所制定的指标体系包括定量评价指标和定性评价指标，指出指标体系一般包括一级评价指标和二级评价指标，可根据行业自身特点设立多级指标。其中一级评价指标可分为生产工艺及装备指标、资源能源消耗指标、资源综合利用指标、污染物产生指标、产品特征指标、清洁生产管理指标。各行业可根据自身特点选择与确定，并给出明确定义，如图6-1所示。

国家发展改革委等部门已发布若干项行业清洁生产评价指标体系，这里以火电企业为例进行说明。根据评价指标的性质进行划分，火电企业评价指标体系包含定量评价指标和定性评价指标两种。定量评价指标选取了有代表性的、能反映"节能""降耗""减污"和"增效"等有关清洁生产最终目标的指标；定性评价指标主要根据国家有关推行清洁生产的产业发展和技术进步政策、资源环境保护政策规定以及行业发展规划选取，用于定性评价企业执行有关政策的符合性以及实施清洁生产工作的效果。火电企业评价指标体系分为一级指标和二级指标两个层次。一级指标为普遍性、概括性的指标，包括生产工艺及设备指标，资源和能源消耗指标、资源综合利用指标、污染物排放指标、清洁生产管理指标。二级指标为反映火电企业清洁生产特点的、具有代表性的技术考核指标，如图6-2所示。

在学术界不少文献也围绕绿色技术评价指标体系构建问题展开了探讨。蔡心宜（2018）认为构建绿色技术评价体系应当基于整体性、通用性、可行性、经济性原则，其中，整体性是指要通过不同角度反映绿色技

第六章 | 绿色技术评价方法与应用案例

图 6-1 清洁生产评价指标体系[1]

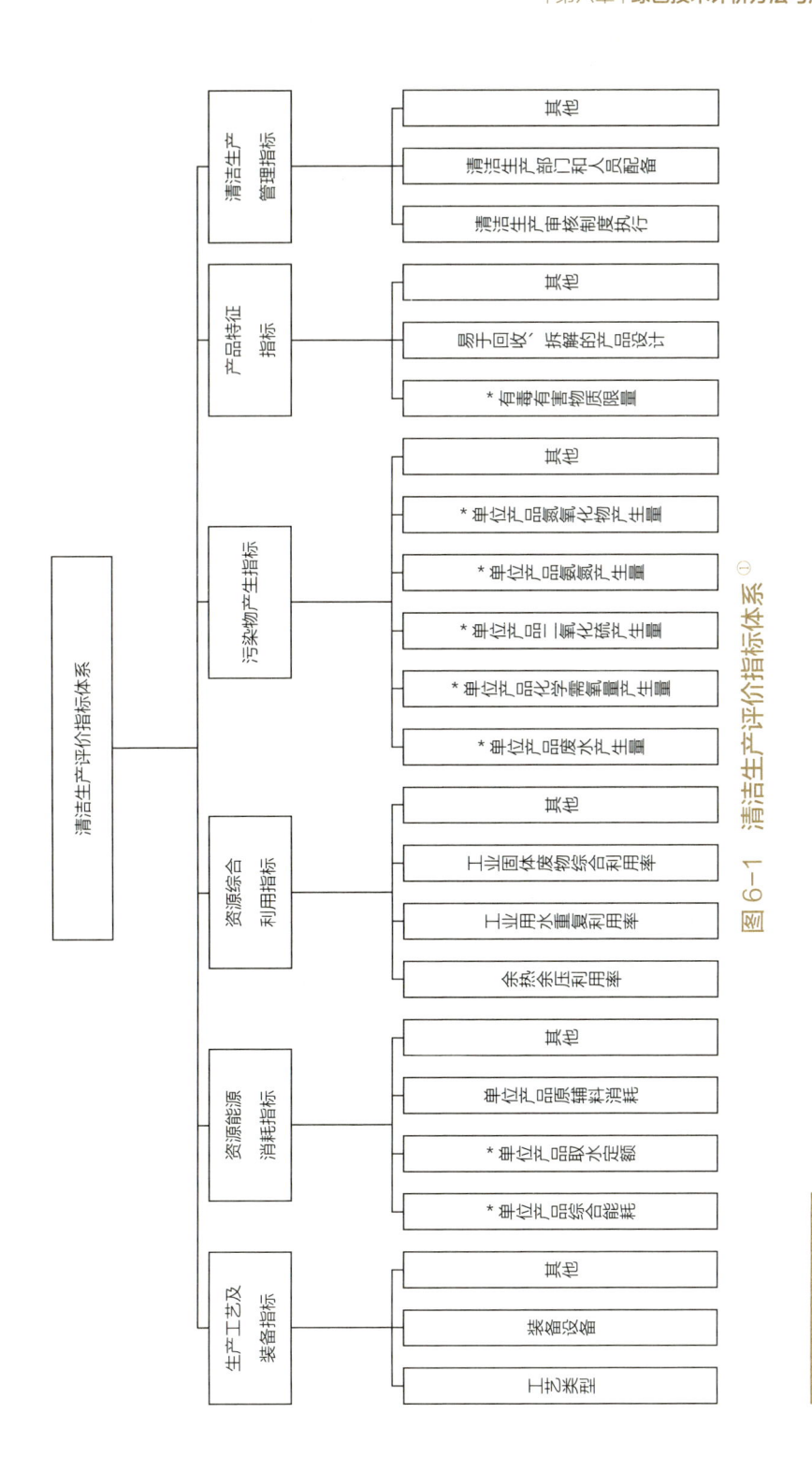

清洁生产评价指标体系
- 清洁生产管理指标
  - 清洁生产审核制度执行
  - 清洁生产部门和人员配备
  - 其他
- 产品特征指标
  - *有毒有害物质限量
  - 易于回收、拆解的产品设计
  - 其他
- 污染物产生指标
  - *单位产品废水产生量
  - *单位产品化学需氧量产生量
  - *单位产品二氧化硫产生量
  - *单位产品氨氮产生量
  - *单位产品氮氧化物产生量
  - 其他
- 资源综合利用指标
  - 余热余压利用率
  - 工业用水重复利用率
  - 工业固体废物综合利用率
  - 其他
- 资源能源消耗指标
  - *单位产品综合能耗
  - *单位产品取水定额
  - 单位产品原辅料消耗
  - 其他
- 生产工艺及装备指标
  - 工艺类型
  - 装备设备
  - 其他

① 表中带*的指标为限定性指标。

图 6-2 火电企业清洁生产评价指标体系[1]

---

[1] 表中带 * 的指标为限定性指标。

术的内涵和特征，形成有效的评价系统；因各项绿色技术的产品对象、环境背景、领域内容等特性相当多元，通用性是指指标体系要能适用于不同产品领域的技术内容；可行性是指尽可能选择直接表述技术特性的可量化指标，对于难以量化的特性则通过间接表示方式或定量描述形式表示技术的相关内涵特性；经济性是指要考虑评价过程的投入产出效率[4]。蔡心宜进一步设置了绿色技术的环境效益和经济效益评价指标体系，其中环境效益从资源使用（原材料使用、能源使用、公共资源使用、设备使用）、产品效用、污废排放（污染物排放、固体废弃物堆存、物理性污染、生物性污染）三方面考察，经济效益从过程投入（资源成本、人力成本、作业成本）和影响产出（直接财务收支、间接利益收支）两方面考察。刘战礼（2007）从效益指标（经济效益、社会效益、环境效益）、环境污染指标（水体污染、土壤污染、大气污染、噪声污染）、生态指标（物种结构、植被结构、景观指标、再安置指标）三个维度构建了建设项目环境技术评价指标体系[5]。高志永（2010）在构建污染物减排清洁生产技术评估指标体系时，选择资源与能源消耗、污染物排放、经济成本、技术成熟度作为一级指标[6]。通过资源与能源消耗、污染物排放、技术成熟度三项指标体现出技术选择的合理性，通过经济成本指标体现出技术应用的经济性；通过资源与能源消耗、污染物排放、经济成本三项指标对技术进行定量评估，通过技术成熟度对技术进行定性评估。其中，资源与能源消耗指标采用资源消耗（主原料消耗、辅料助剂消耗、占地面积）和能源消耗（气耗、煤耗、电耗、综合能耗）表示；污染排放采用水污染物（化学需氧量、氨氮、总磷、总氮、废水总量等）、大气污染物（二氧化硫、颗粒物、粉尘等）、固体废物（炉渣、污泥等）和噪声（噪声水平）表示；经济成本采用投资成本（主原料消耗、辅料助剂消耗）、运行维护成本（能源成本、水费、人力成本、固定管理费用）、收益和避免费用（副产品收益、其他收益、避免费用等）表示。李焕等（2012）从环境效益、技术可行性、经济合理性、可实施性、运行管理复杂性五个维度构建了中国石化环保技术评估体系，其中环境效益包括污染物去除率、稳定达标率、二次污染3个指标；技术可行性包括已推广情况、技术指标、安全性、技术稳定性、主体设备寿命5个指标；经济合理性包括投资费用、运行成本、能耗、经济效益4个指标；可实施性包括对生产的影响、改造幅度、施工周期、技术配套程度、占地面积、周边环境6个指标；运行管理复杂性包括操作难易程度、人工需求、操作环境、维修管理4个指标[7]。

（三）绿色技术评价的主要方法

对绿色技术进行综合评价是在构建多维指标体系的基础上进行的，对绿色技术进行综合评价的关键在于确定各个指标的权重。根据计算权重系数时原始数据来源以及计算过程的不同，可以将具体的评估方法分为两大类：主观赋权法和客观赋权法。两类方法各有利弊，需根据项目研究目标和相关数据特征相机选择。

1. 主观赋权法

主观赋权法由专家根据经验进行主观判断而得到权重系数，然后再对指标进行综合评估，常用的具体方法包括专家打分法、德尔菲法、层次分析法等。主观赋权法的优点是专家可以根据实际问题，较为合理地确定各指标之间的排序，也就是说尽管主观赋权法不能准确地确定各指标的权重系数，但在通常情况下，主观赋权法可以在一定程度上有效地确定各指标按重要程度给定的权重系数的先后顺序。该类方法的主要缺点是主观随意性大，选取的专家不同，得出的权重系数也不同。因此，在某些个别情况下应用某种主观赋权法得到的权重结果可能会与实际情况存在较大差异。

（1）专家打分法

专家打分法是指通过匿名方式征询有关专家的意见，对专家的意见进行统计、处理、分析和归纳，客观综合多数专家经验与主观判断，对大量难以采用的技术方法进行定量分析的因素做出合理估算，经过多轮意见征询、反馈和调整后得出最终权重的方法。

（2）德尔菲法

1）概念和特点

德尔菲法是一种匿名反复函询的专家征询意见方法，属于专家打分法的一种常用方法。该方法自20世纪60年代由美国兰德公司提出以来，被广泛地应用到各个领域的综合评价实践中，主要具有以下特点：

一是匿名性。专家互不见面，直接与调查主持人联系，因而消除了专家之间的心理影响，做到了充分自由地发表意见。

二是反馈性。德尔菲法要经过若干次的循环才能完成，各轮循环都是在精心控制下得到反馈。

三是收敛性。通过书面讨论，言之有理的意见会逐渐为大多数专家所接受，群体的见解会逐渐集中，呈现收敛趋势。

2）基本步骤

德尔菲法的基本步骤如下：

首先，明确评价目标。明确进行效能评价的目标，借助人的逻辑思维和经验能对目标的评价产生很好的效果。其次，选聘专家。专家的权威程度要高，有独到的见解，有丰富的经验和较高的理论水平，这样才能提供正确的意见和有价值的判断。再次，发布问题。发布需要专家评价的问题，分几轮进行评价，直到达到预期的收敛效果。从次，专家对问题进行评价。采用匿名评价，专家根据评价规则回答问题，并说明回答问题的依据，按照该程序完成对所有问题的回答。传统德尔菲法的调查程序一般为4轮。系统将第1轮的调查结果生成报表或文档，调查结果包括每位专家对问题的回答以及回答问题的依据，将调查结果分发给每位专家，在此基础上再进行第2轮的调查，调查方法与第1轮相似，再完成第3轮和第4轮的调查；最后，对获取的专家知识进行处理。以专家的原始意见为基础，建立专家意见集成的优化模型，综合考虑一致性和协调性因素，同时满足整体意见收敛性的要求，找到群体决策的最优解或满意解，获得具有可信度指标的结论，达到专家意见集成的目的。

3）局限性

由于评价环节本身所呈现的阶段性和局部性，德尔菲法环节应用不可避免地表现出如下局限性：

一是从参与评价的专家来看，难以最大限度地发挥各自的优势。组织者设定的准则给专家们设定了约束，专家们所做出的判断必须严格符合这些规则，即便这些规则并不合理。

二是从评价的组织者来看，虽然处于主动地位但工作量较大。由于德尔菲法仅用于部分环节，评价过程的大部分工作仍需由组织者完成。若组织者选择专家组A实现某个环节的德尔菲过程，选择专家组B实现另一个环节的德尔菲过程，这种异专家组德尔菲法环节应用会给组织者带来更大的工作量。

三是从专家和评价组织者的协调关系来看，德尔菲法环节应用呈现相对复杂的协调关系。尤其在双环节应用过程中，组织者宜选择不同的专家组来完成不同环节的德尔菲过程，环节任务的不同和专家组性质的差异使得组织者和专家之间需要更多的时间和精力进行沟通和协调。

四是从德尔菲法在整个评价过程的贡献来看，由于只涉及部分环节，专家的判断意见涉及面相对较小，其贡献为单环节应用小于多环节应用，强约束性应用小于弱约束性应用。

（3）层次分析法

1）概念

层次分析法（Analytic Hierarchy Process，AHP）本质上是一种决策思维方式，它把复杂的问题分解为各个组成因素，将这些因素按照支配关系分组，形成有序的递阶层次结构，通过两两比较的方式，确定层次中各因素的相对重要性，然后综合人的判断，从而决定各决策因素相对重要性的顺序。

2）基本步骤

层次分析法的基本步骤如下：

首先，建立层次结构模型。在深入分析实际问题的基础上，将有关的各个因素按照不同属性自上而下地分解成若干层次，同一层的诸因素从属于上一层的因素或对上层因素有影响，同时又支配下一层的因素或受到下层因素的作用。最上层为目标层，通常只有一个因素，最下层通常为方案或对象层，中间可以有一个或几个层次，通常为准则或指标层。当准则过多时应进一步分解出子准则层。

其次，建立判断矩阵。从层次结构模型的第2层开始，对于从属于（影响）上一层每个因素的同一层诸因素，用成对比较法和1-9比较尺度建立判断矩阵，直到最下层，见表6-1。

表6-1 建立判断矩阵的标度方法

标度	含义
1	表示两个因素相比，具有同样重要性
3	表示两个因素相比，一个因素比另一个因素稍微重要
5	表示两个因素相比，一个因素比另一个因素明显重要
7	表示两个因素相比，一个因素比另一个因素强烈重要
9	表示两个因素相比，一个因素比另一个因素极端重要
2，4，6，8	上述两相邻判断的中值
倒数	若因素i与因素j比较的判断为a_{ij}，则因素j与i比较的判断$a_{ji}=1/a_{ij}$

再次，计算权向量并做一致性检验。对于每一个判断矩阵计算最大特

征根及对应特征向量，利用一致性指标、随机一致性指标和一致性比率做一致性检验。若检验通过，特征向量即为权向量；若不通过，需重新构造判断矩阵，见表6-2。

表6-2　随机一致性指标 RI

阶数 n	1	2	3	4	5	6	7	8	9
RI	0	0	0.58	0.90	1.12	1.24	1.32	1.41	1.45

最后，计算组合权向量并做组合一致性检验。计算最下层对目标的组合权向量，并根据公式做组合一致性检验，若检验通过，则可按照组合权向量表示的结果进行决策，否则需要重新考虑模型或重新构造那些一致性比率较大的判断矩阵。

3）优缺点

层次分析法的优点：决策过程体现了人们决策思维的基本特征及其发展过程，即分解、判断、排序、综合，从而可充分利用人的经验与判断，并采用一定的数量方法来解决一些半结构化决策问题和无结构化决策问题。该方法特别适用于具有定性的或定性、定量兼有的决策分析，其核心功能是对方案进行排序选优。

层次分析法的缺点：一是层次分析法的应用主要针对那种方案大抵确定的决策问题，通过层次分析法得出的结果是粗略的方案排序；二是人的主观判断和选择对层次分析法分析的结果影响较大，使得使用层次分析法进行决策的主观成分较大。

2. 客观赋权法

客观赋权法根据历史数据研究指标之间的相关关系或指标与评估结果的关系来进行综合评估，常用的具体方法包括主成分分析法、因子分析法、熵权法、模糊综合评价法、BP人工神经网络法、算术平均法、变异系数法等。客观赋权法的优点是权重系数客观性强，其缺点是没有考虑到决策者的主观意愿且计算方法大都比较烦琐。

（1）主成分分析法

1）概念

主成分分析法的基本思想是构造原始变量的线性组合，以产生一系列互不相关的新变量，从中选出少量几个新变量并使它们含有足够多的原始变量带有的信息，从而使得用这几个新变量代替原始变量来分析和解决问题成为可能。

2）基本步骤

主成分分析法的计算步骤如下：

首先，为了消除由于量纲不同可能带来的影响，需要对原始数据进行标准化处理，即令

$$X_i^* = \frac{X_i - u_i}{\sigma_i}$$

其中，u_i和σ_i分别是指标X_i的样本均值和标准差。

其次，计算相关系数矩阵R及其特征值λ_1，λ_2，$\cdots$，λ_p和正交单位化特征向量。

再次，选择主成分的个数m。确定主成分的个数，一般是使前k个主成分的累计方差贡献率达到一定的要求，通常大于85%即可。第k个主成分的方差贡献率表示它提取的原始p个指标的信息量的大小，因此前k个主成分的累计方差贡献率越大，说明它所包含的原始信息量越多。

第四，求主成分载荷矩阵。有时为了使指标在主成分上的负荷具有明显的倾向性需要进行因子旋转。

第五，求主成分。由正交单位化特征向量组成的主成分为

$$F_i = e_{1i}X_1^* + e_{2i}X_2^* + \cdots + e_{pi}X_p^*$$

其中，e_{pi}为第i个观测对象的p个指标的正交单位化特征向量。

最后，计算各个主成分以及综合主成分得分及排名。

3）优点

主成分分析法具有以下优点：

一是可以消除评价指标之间的相关影响。因为主成分分析在对原指标变量进行变换之后，形成了彼此相互独立的主成分。实践证明，指标之间的相关程度越高，主成分分析效果越好。

二是可以减少指标选择的工作量。其他评价方法难以消除指标之间的相关影响，而主成分分析法可以消除指标之间的这种相关影响，因而在指标选择方面要容易许多。

三是可以减少计算工作量。主成分分析中各主成分是按照方差大小依次排序的，因此在分析问题时，可以舍弃一部分主成分，只选择方差较大的几个主成分来代表原变量，从而减少了计算工作量。

4）适用性

在应用主成分分析法进行综合评价时，应确保评价对象的个数要大于评价指标的个数。

（2）因子分析法

1）概念

因子分析法的基本出发点是将原始指标综合成较少的指标，这些指标能够反映原始指标的绝大部分信息，且这些指标之间没有相关性。因子分析的基本目的就是用少数几个因子去描述许多指标或因素之间的联系，即将相关比较密切的几个变量归在同一类中，每一类变量就成了一个因子，以较少的几个因子反映原资料的大部分信息。

2）基本步骤

因子分析法的基本计算步骤如下：

首先，确认待分析的原始变量是否适合做因子分析。一般而言，当原始变量的相关系数矩阵小于0.3时，就不适合做因子分析。还可以通过抽样适合性（KMO）检验或巴特利特球度检验来检验因子相关性。

其次，构造因子变量，提取公共因子。一般而言，采用主成分分析法提取公因子，可以说因子分析是主成分分析结果的延伸和拓展。

再次，采用方差最大正交旋转方法使得因子变量具有可解释性，尽量使一个变量在较少的几个因子上具有较高的载荷，从而方便因子命名。

最后，采用回归法计算每个决策单元的因子变量得分。

3）优点

因子分析法具有以下优点：

一是因子分析法通过对原始变量的标准化处理和数学变换，消除了指标之间的相关影响，消除了由于指标分布不同、数值本身差异造成的不可比，从数据源头保证了评价的质量。

二是应用因子分析法，既可以避免信息量的重复，又克服了权重确定的主观性。

三是因子分析法进行综合评价时，较好地解决了建立评价指标体系全面性和独立性的矛盾。

四是因子分析法数据处理全过程可以采用SPSS软件，可以方便地得出较为客观的评价结果，也大大提高了评价本身的效率。

4）适用性

在对应用因子分析法进行综合评价时，应注意以下两点：一是应确保评价对象的个数要大于评价指标的个数；二是应对原变量是否适合做因子分析进行抽样适合性检验。

（3）熵权法

1）概念

熵权法的基本思路是根据指标变异性的大小来确定客观权重。一般来说，若某个指标的信息熵越小，表明该指标的变异程度越大，提供的信息量越多，在综合评价中所起到的作用也越大，其权重也就越大；反之，若某个指标的信息熵越大，表明该指标的变异程度越小，提供的信息量越少，在综合评价中所起到的作用也越小，其权重也就越小。

2）基本步骤

假设有 m 个评价对象，n 个评价指标，a_{ij} 表示第 i 个对象的第 j 项指标值，则采用熵权法确定指标权重的基本步骤如下：

A. 根据指标属性的不同，采取如下方法对数据进行无量纲化处理。

对于正指标，计算公式为

$$x_{ij} = \frac{a_{ij} - \min(a_{ij})}{\max(a_{ij}) - \min(a_{ij})} \quad (i=1, 2, \cdots, m; j=1, 2, \cdots, n)$$

对于逆指标，计算公式为

$$x_{ij} = \frac{\max(a_{ij}) - a_{ij}}{\max(a_{ij}) - \min(a_{ij})} \quad (i=1, 2, \cdots, m; j=1, 2, \cdots, n)$$

B. 计算第 i 个指标值在第 j 项指标下所占的比重 w_{ij}，计算公式为

$$w_{ij} = \frac{x_{ij}}{\sum_{i=1}^{m} x_{ij}}$$

C. 计算第 j 项指标的熵值 e_j，计算公式为

$$e_j = -\frac{1}{\ln m} \sum_{i=1}^{m} (w_{ij} \ln w_{ij}), e_j \in [0,1]$$

D. 计算第 j 项指标的差异性系数 g_j，计算公式为

$$g_j = 1 - e_j$$

E. 计算第 j 项指标的权重系数 W_j，计算公式为

$$W_j = \frac{g_j}{\sum_{i=1}^{n} g_j}$$

最后，根据各指标权重系数，结合无量纲化数据，计算最终得分。

3）优缺点

熵权法的优点：一是客观性，即相对于那些主观赋权法，熵权法赋权

的精确度较高,客观性更强,能够更好地解释所得的结果;二是适应性,即熵权法既可以用于任何需要确定权重的过程,也可以结合一些方法共同使用。

熵权法的缺点:熵权法只在确定权重的过程中使用,其使用范围较窄,解决的问题有限。

4)适用性

熵权法可以用于任何综合评价问题中的指标权重确定,还可以用于剔除指标体系中对评价结果贡献不大的指标。

(4)模糊综合评价法

1)概念

模糊综合评价法(fuzzy comprehensive evaluation method)是一种基于模糊数学的综合评标方法。模糊综合评价法根据模糊数学的隶属度理论把定性评价转化为定量评价,即用模糊数学对受到多种因素制约的事物或对象做出一个总体的评价。模糊综合评价法的基本原理为:首先确定被评价对象的因素集和评语集,其次分别确定各个因素的权重以及它们的隶属度矢量,从而获得模糊判断矩阵,最后把模糊判断矩阵与因素的权矢量进行模糊计算并进行归一化处理,从而得到模糊综合评价结果。该方法的特点在于评判是逐对象进行的,对被评价对象有唯一的评价值,不受被评价对象所处对象集合的影响。

2)基本步骤

模糊综合评价法的基本步骤如下:

首先,确定评价对象的因素集。假设U为刻画被评价对象的m种评价因素。为了便于权重的分配和评议,可以按评价因素的属性将评价因素分为若干类,把每一类都视为单一评价因素,并称之为第一级评价因素。第一级评价因素可以设置下属的第二级评价因素,第二级评价因素又可以设置下属的第三级评价因素,以此类推。

其次，确定评价对象的评语集。假设V是评价者对被评价对象可能做出的各种总的评价结果组成的评语等级的集合，一般划分为3～5个等级。

再次，确定评价因素的权重向量。假设A为权重分配模糊矢量，其反映了各因素的重要程度。在进行模糊综合评价时，权重对最终的评价结果会产生很大的影响，不同的权重有时会得到完全不同的结论。权重的确定应当采取主观赋权和客观赋权相结合的方法。

第四，进行单因素模糊评价，确立模糊关系矩阵R。单独从一个因素出发进行评价，以确定评价对象对评语集V的隶属程度，即为单因素模糊评价。在构造了等级模糊子集之后，就要逐个对被评价对象从每个因素上进行量化，也就是确定从单因素来看被评价对象对各等级模糊子集的隶属度，进而得到模糊关系矩阵。在确定隶属关系时，通常是由专家或者评价问题相关的专业人员依据评判等级对评价对象进行打分，然后统计打分结果，可以根据绝对值减数法求得。

第五，多指标综合评价。利用合适的模糊合成算子将模糊权矢量A与模糊关系矩阵R合成，得到各个被评价对象的模糊综合评价结果矢量B。

最后，对模糊综合评价结果进行分析。模糊综合评价的结果是评价对象对各等级模糊子集的隶属度，它一般是一个模糊矢量，而不是一个点值，因而它能够提供的信息比其他方法更加丰富。对于多个评价对象比较并排序时，就需要进一步处理，即计算每个评价对象的综合分值，按大小排序，按序择优。将综合评价结果B转换为综合分值，可以依据其大小进行排序，从而挑选出最优者。

3）优缺点

模糊综合评价法的优点：该方法通过精确的数字手段处理模糊的评价对象，能对蕴藏信息呈现模糊性的资料做出比较科学、合理、贴近实际的量化评价；该方法的评价结果是一个矢量，而不是一个点值，包含的信息比较丰富，既可以比较准确地刻画被评价对象，又可以进一步加工，得到参考信息。模糊综合评价法的缺点：计算复杂，对指标权重矢量的确定主观性较强。

4）适用性

模糊综合评价法具有结果清晰、系统性强的特点，能较好地解决模糊的、难以量化的问题，适合各种非确定性问题的解决。

（5）BP人工神经网络法

1）概念

人工神经网络（Artificial Neural Network，ANN）是借鉴人脑的结构和特点，通过大量简单处理单元（神经元或节点）互连组成的大规模并行分布式信息处理和非线性动力学系统。人工神经网络具有巨量并行性、结构可变性、高度非线性、自学习性和自组织性等特点，因此它能够解决常规信息处理方法难以解决或者无法解决的问题，尤其是那些属于思维、推理以及意识方面的问题。

1986年，鲁梅尔哈特（Rumelhart）、辛顿（Hinton）和威廉姆斯（Williams）提出了一种人工神经网络的误差反向传播训练算法（Error Back Propagation Training），简称为BP算法，系统解决了多层网络中隐含单元授权的学习问题，由此算法构成的网络即为BP网络。

可见，BP人工神经网络法是模拟人脑智能化处理过程的人工神经网络技术，通过BP算法学习或者训练获取知识，并存储在神经元的权值中，通过联想把相关信息复现，能够揣摩或提炼评价对象本身的客观规律，进行对相同属性评价对象的评价。

2）优缺点

从运行过程中的信息流向来看，基于BP算法的神经网络属于前馈型网络。这种网络仅能提供由许多具有简单处理能力的神经元互连产生的复合作用，使网络具有复杂的非线性映射能力但没有反馈能力，因此它不属于一个非线性动力学系统，而只是一个非线性映射。尽管如此，由于该方法在理论上的完整性和应用上的广泛性，它仍具有重要的意义，但也存在如下问题：

一是BP算法按照均方误差的梯度下降方向收敛，但均方误差梯度曲线存在不少局部和全局最小点，这就使得神经网络容易陷入局部极小。

二是BP学习算法的收敛速度很慢，可能会浪费大量时间。

三是网络的隐含节点数的选取尚缺少统一而完整的理论指导。

四是已学习好的网络泛化能力较差。

3）适用性

该方法应用领域不断扩大，不仅涉及银行贷款项目、股票价格的评估，也适合城市发展综合水平的评价。总体来讲，该方法比较擅长的应用领域主要包括：模式识别、人工智能、控制工程、优化计算和联想控制、信号处理等。

（6）算术平均法

一般而言，可以采用主成分分析法、因子分析法或熵权法来生成各指标权重，其优点是根据数据本身的特征决定不同变量在指数中的权重，具有客观性，而不是根据主观评价决定权重，但是，随着时间的推移，各变量的权重必然会发生变化，从而必将影响指数跨期的可比性。根据某些国际研究经验，在组成一个指数的变量较多而且覆盖比较全面时，采用主成分分析法计算加权平均和采用简单算术平均所得到的结果没有显著差别[8]。樊纲等（2009）在计算中国市场化指数时也采用算术平均法来计算各指标的权重[8]。采用算术平均法确定指标权重的基本步骤如下：

首先，根据指标属性的不同，采取如下方法对数据进行无量纲化处理。

对于正指标，计算公式为

$$\overline{x_i} = \frac{x_i - \min(x_i)}{\max(x_i) - \min(x_i)}$$

对于逆指标，计算公式为

$$\bar{x}_i = \frac{\max(x_i) - x_i}{\max(x_i) - \min(x_i)}$$

其中，$\max(x_i)$ 和 $\min(x_i)$ 分别表示指标 x_i 的最大值和最小值。经过处理后的各指标数值取值范围为 [0, 1]，指标数值越接近于1，则说明该指标得分越高；指标数值越接近于0，则说明该指标得分越低。

再次，计算各指标权重，各指标权重系数 W_i 的计算公式为

$$W_i = \frac{x_i}{\sum_{i=1}^{n} x_i}$$

最后，根据各指标权重，结合无量纲化数据，计算相关指数。

（7）变异系数法

由于评价指标体系中各项指标的量纲不同，不宜直接比较其差别程度，为了消除各项评价指标量纲不同的影响，可以根据各项指标的变异系数来衡量各项指标取值的差异程度。变异系数的大小反映了指标的波动性情况和包含信息量的多少。变异系数越大，则指标波动性越大，包含的信息量也越多，那么在评价指标体系中该指标的权重系数也就越大；反之，变异系数越小，则指标波动性越小，包含的信息量也越少，那么在评价指标体系中该指标的权重系数也就越小。采用算术平均法确定指标权重的基本步骤如下：

首先，根据指标属性的不同，采取如下方法对数据进行无量纲化处理。

对于正指标，计算公式为

$$\bar{x}_i = \frac{x_i - \min(x_i)}{\max(x_i) - \min(x_i)}$$

对于逆指标，计算公式为

$$\bar{x}_i = \frac{\max(x_i) - x_i}{\max(x_i) - \min(x_i)}$$

其次，计算各指标的变异系数，各指标的变异系数 V_i 的计算公式为

$$V_i = \frac{\sigma_i}{\bar{x}_i}$$

其中，$i=(1, 2, \cdots, n)$，σ_i为第i项指标的标准差，$\bar{x}_i$是第i项指标的平均数。

再次，计算各指标权重，各指标权重系数W_i的计算公式为

$$W_i = \frac{V_i}{\sum_{i=1}^{n} V_i}$$

最后，根据各指标权重，结合无量纲化数据，计算相关指数。

二、绿色技术应用案例

（一）10兆瓦海上风电机组设计技术应用典型案例

1. 技术概况

（1）技术名称

10兆瓦海上风电机组设计技术。

（2）技术性质

某企业海上大功率机组设计采用国际领先水平的直驱永磁技术，符合国内外主流的技术发展方向，是中国首家、全球第二家取得10兆瓦等级海上风电机组设计认证证书的制造商。

（3）主要技术内容

整机采用新型全密闭结构，可解决海洋腐蚀环境适应性问题；电气系统采用中压双回路，解决扭缆问题的同时提高无故障运行时间，电气效率提高1.5%~3%；双驱电动变桨技术，解决了齿面磨损和驱动同步问题。发电机突破了兆瓦级海上风力发电机轴系、密封结构、电磁绝缘、通风冷却等技术，具有高可靠性、高性能、低维护成本的优点。

（4）荣誉获得情况

①入选2020年12月31日国家发展改革委办公厅、科技部办公厅、工业和信息化部办公厅、自然资源部办公厅发布的《绿色技术推广目录（2020年）》（发改办环资〔2020〕990号文件）。

②2021年12月，入选《2021年度能源领域首台（套）重大技术装备项目名单》。

（5）技术领域

清洁能源产业。

（6）技术背景和应用现状

我国海上风电资源丰富，开发利用潜力巨大，海上风电因其清洁低碳、靠近东南沿海地区用电负荷侧、消纳方便，在"碳达峰、碳中和"中的重要作用愈加凸显，发展海上风电被视为我国能源结构转型的重要战略支撑。目前陆上风电已步入成熟发展阶段，而虽然起步较晚，但凭借海风资源的稳定性和发电功率大等特点，随着政策扶持叠加技术进步，海上风电行业现已进入规模化发展阶段，经济优势开始凸显，有望接力陆上风电，成为风电发展新引擎。

中国近海风能资源丰富，主要集中在东南沿海及其附近岛屿，风功率密度基本都在300瓦/平方米以上。近海100米高度内，水深在5米～25米范围内的风电资源技术开发量约3.2亿千瓦。近海风能资源丰富区为台湾海峡，其次为广东东部、浙江近海和渤海湾中北部。

"十三五"以来中国海上风电高速发展，年增长率均保持在30%以上（如图6-3所示）。2021年前三季度，海上风电新增装机382万千瓦[1]，中国海上风电装机规模跃居世界第一[2]。各沿海省区陆续出台海上风电发展

---

[1] 数据来源：国家能源局官网 http://www.nea.gov.cn/2021-11/08/c_1310298464.htm。
[2] 《国家能源局公布2021年能源成绩单》http://www.nea.gov.cn/2021-12/24/c_1310391383.htm。

"十四五"规划。根据各省（区）政策目标统计，2021至2025年，我国新增海上风电装机规模可达3470万千瓦。考虑各省（区）新增装机量，2025年我国海上风电装机量可达4469万千瓦。

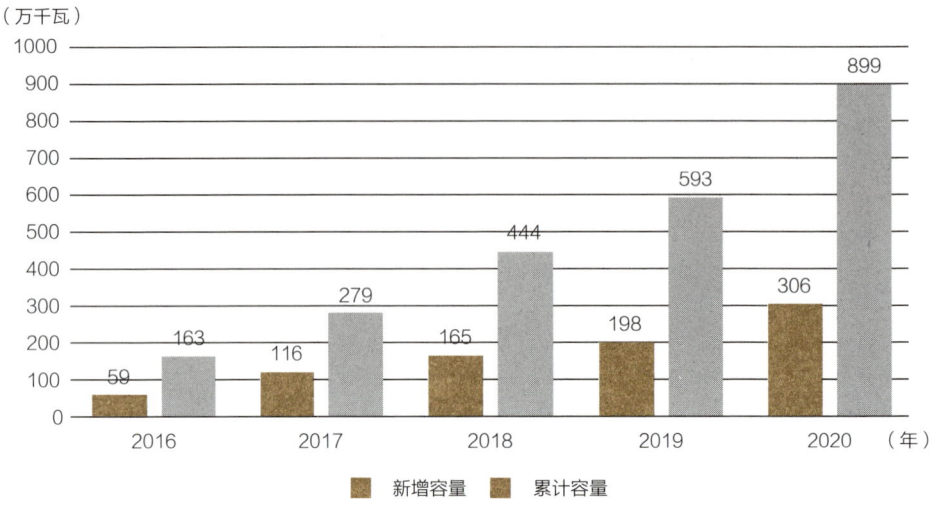

图6-3 "十三五"中国海上风电新增及累计装机容量

目前已投入商业运营的海上风电机组主要为5～8兆瓦的机组，2020年我国已投运海上风机机组平均单机规模为6.5兆瓦。

某企业与其他企业开展合作研发10兆瓦海上风电机组联合研制及示范应用，分别负责提供风电机组试验机位与研发技术和样机试制，2020年7月12日，我国首台10兆瓦等级海上风力发电机组在福建兴化湾二期海上风电场成功并网发电，刷新了我国海上风电机组单机容量新纪录。机组轮毂中心高度距海平面约115米，相当于40层楼高度；风机叶轮直径185米，相当于3台波音747并排宽度；风轮扫风面积相当于3.7个标准足球场。投运以来，该机组运行高效稳定，平均可利用率超99.8%，曾创下单周发电量超过172万千瓦时的优异成绩，刷新了我国单台风电机组周发电量最高纪录。凭借优良的性能，10兆瓦海上风电机组连续两年登上全球最佳海上风电机组排行榜，荣获中国"好设计"金奖。

在发电量方面，单机功率为10兆瓦的风机比8兆瓦的风机提升近30%。除了发电量的提升外，大功率风机还可以有效降低成本，在同样的装机规模下，单机功率越高，所需安装的风机台数越少，可大幅降低吊装成本与后期的运维成本。

2. 案例分析

（1）案例名称

三峡长乐外海海上风电场项目。

（2）项目概况

长乐外海海上风电场项目位于福州市长乐区东部海域，项目装机容量1100兆瓦，分为A、B、C三个厂区。其中A区位于距离长乐海岸线32～40千米处，水深39～44米。根据机型比选专题报告的推荐机位布置方案，该厂区共布置单机容量6兆瓦及以上风力发电机组40台，总装机容量300兆瓦，其中安装10台10兆瓦海上风电机组。长乐外海海上风电场C区场址中心距离长乐海岸线约40千米，理论水深31～45米，项目总装机容量200兆瓦，安装20台10兆瓦海上风电机组。

该项目采用220千伏海上升压变电站+陆上集控站方案，配套建设1座海上升压变电站和1座陆上集控中心，其中陆上集控站为长乐外海海上风电场A、B、C区三个风电场共用。集电线路通过35千伏海底电缆先接入海上升压变电站，升压至220千伏后经海底电缆接入220千伏陆上集控站，电能汇流后接入东台变电站，进而并入省电网。

长乐C项目在2021年10月份完成首台机组并网发电，目前已完成7台机组的调试工作，长乐A项目在2021年11月完成首台机组并网发电，目前已完成3台机组的调试工作，已完成小批量投运发电。

（3）项目实施及节能减排效果

机组投产并网后，在年平均10米/秒风速条件下，单台机组每年发电4000万千瓦时，可以减少燃煤消耗12800吨，减排二氧化碳33500吨，不仅可以有效缓解我国能源不足的现状，保障我国能源安全，促进能源结构优化，同时可以让沿海城市用上清洁能源，缓解环境污染压力，促进资源节约型、环境友好型社会建设，实现绿色低碳发展。

3. 技术市场潜力分析

（1）技术发展趋于大型化

2021年10月26日国务院印发《2030年前碳达峰行动方案》（国发〔2021〕23号），方案明确提出大力发展新能源，到2030年，风电、太阳能发电总装机容量达到12亿千瓦以上。这对于风能、光伏等可再生能源来说，是一场历史级别的发展大机遇。海上风电作为可再生能源发展的重要领域，是近年来全球风电发展的重点方向之一。我国正进入海上风电快速发展阶段，已连续三年位居全球新增装机容量第一，2021年总装机规模超过英国，稳居全球第一。

目前海上风电机组向着"大容量、轻量化、高可靠"趋势发展，自2020年由某企业研发的我国首台10兆瓦海上风电机组投产并网并入选国家《绿色技术推广目录（2020年）》以来，各大风机整机厂商纷纷加大大容量海上风机研发力度，带动了我国海上风电技术创新发展。单机容量的增加可以显著地降低单位容量的风机物料成本，从而降低单位容量的风机造价。

虽然大容量海上风机造价成本更高，但由于需要安装的风机总数量减少，在风机基础、海底电缆、施工安装及运营上的投入都会降低，分摊到单位容量的风机造价和其他环节的成本都会大幅下降。

在2021北京国际风能大会暨展览会（CWP2021）上，金风科技、明阳智能、电气风电、运达股份、东方电气和中国海装分别推出了10兆瓦以上的风电机组，其中，明阳智能和中国海装还推出了16兆瓦的风电机组；在叶轮直径方面，金风科技、远景能源、明阳智能、电气风电、运达股份、东方电气、中国海装的叶轮直径都超过了200米，中国海装推出的H256-16兆瓦机组叶轮直径达256米，成为2021CWP上发布的最大规模的风电机组。

（2）财政补贴机制逐渐推出

2022年全国海上风电正式进入全面平价/地方补贴的时代。《关于促进非水可再生能源发电健康发展的若干意见》（财建〔2020〕4号）指出，新增海上风电不再纳入中央财政补贴范围，按规定完成核准（备案）并于2021年12月31日前全部机组完成并网的存量海上风力发电，按相应价格政策纳入中央财政补贴范围。

与此同时，2020年以来东部省（区）相继出台"十四五"海上风电发展总体规划和相关配套政策，其中广东省明确将推出地方补贴政策，浙江省也在酝酿地方补贴方式，其他各省（区）通过大规模的平价开发规划，积极支持本地区海上风电的降本增效和平价开发。

从2021年海上风电招标市场的风机采购中标候选公示来看，带塔筒的海上风机价格已降至4060元/千瓦，不带塔筒的设备报价已跌破4000元/千瓦，降至3830元/千瓦。2020年，海上风机价格水平大多仍保持在6500元/千瓦以上。仅一年之后，整机设备价格均已实现"腰斩"，整机设备降价几乎成为全领域、全行业的发展趋势。

（3）市场预测

根据各省发布的"十四五"规划，预计"十四五"期间我国海上风电将新增装机46.7万千瓦，详见表6-3。

表6-3 "十四五"各省（区）海上风电新增装机规划[①]

单位：万千瓦

省（区）	广东	江苏	浙江	福建	山东	辽宁	广西	海南	合计
新增容量	17	8	4.5	5.0	5.0	3.0	3.0	1.2	46.7

---

① 根据各省（区）相关"十四五"规划文件整理。

中国工程院重大咨询研究项目"海上风电支撑我国能源转型发展战略研究"项目报告指出,"十四五"是我国海上风电的关键培育期。该项目还对我国海上风能资源、开发条件、近海风电装机容量进行了初步评估,根据评估结果,仅考虑0~50米海深、平均风功率密度大于300瓦/平方米区域的开发面积,按照平均装机密度8兆瓦/平方千米计算,我国海上风电装机容量可达到3009吉瓦。

(二) 126千伏无氟环保型开关设备关键技术应用典型案例

1. 技术概况

(1) 技术名称

126千伏无氟环保型气体绝缘金属封闭开关设备(GIS)。

(2) 技术性质

某企业自主研发126千伏高压开关设备关键技术。

(3) 绿色认证

①2018年通过中国机械工业联合会组织的新产品新技术鉴定,被认定为国内首创,已达国际先进水平。

②2020年入选国家《绿色技术推广目录(2020年)》。

③此技术共获发明和实用新型专利8项(其中发明专利5项)。

(4) 技术领域

智能电网产品和装备制造。

(5) 技术原理和工艺流程概述

126千伏无氟环保型开关设备关键技术用于电气高压开关设备,是真空开断结合无氟环保气体作为外绝缘介质技术,在完全替代传统六氟化硫高压开关设备关键技术上实现了突破。该技术可应用于电源行业、电网行业、铁路电气化、特种装备等领域,主要服务于国家电网及南方电网,发电公司,煤炭、石油化工企业,钢铁冶炼企业,清洁能源企业等。

高压开关设备减少六氟化硫气体使用主要有两种方案：一是使用六氟化硫混合气体作为灭弧和绝缘介质来减少六氟化硫使用量，但该方案不能实现无氟化，仍具有较高的温室效应，没有从根本上实现开关设备"绿色化"；二是采用真空开断，环保气体绝缘，完全实现无氟化。某企业采用自主研制的126千伏单断口真空灭弧室作为开断单元，将二氧化碳作为GIS整体绝缘与隔离、接地开关的单一开断介质，形成环保型GIS整体设计方案。通过建模与仿真分析，对126千伏环保型GIS的电场、温度场和力学特性进行了优化设计；计算了二氧化碳与铜金属相互作用的等离子体物性参数，基于此仿真与实验研究了二氧化碳气体的绝缘与开断特性，突破了隔离/接地开关开断感性小电流难题，完成了126千伏无氟环保型GIS样机的研制。二氧化碳气体的GWP值（全球变暖潜能指标）不到六氟化硫气体的万分之一，每台设备的二氧化碳当量缩减99.99%以上，产品液化温度低，最低使用温度可达-40℃环境，能够应用到高寒高海拔地区，完全摆脱对六氟化硫气体的依赖，实现了真正意义上的绿色环保（如图6-4所示）。

（a）126千伏真空断路器样机　　　（b）126千伏环保型GIS样机

图6-4　126千伏无氟环保型开关设备

图片来源：平高集团有限公司。

（6）技术背景

目前在中低压开关领域，真空开关占据主导地位。因六氟化硫具有优异的绝缘性能和灭弧性能，以六氟化硫为代表的含氟气体及其混合气体被广泛应用于126千伏及以上电力系统高压电气设备中。六氟化硫是强温室效应气体，温室效应系数是二氧化碳的23900倍，研究人员先后推出温室效应系数比较低的含氟气体及其混合气体，但并没有从根本上实现开关设备"绿色化"，随着全球气候变暖及各国对环保重视程度日益提高，迫切需要减少六氟化硫的使用和排放，走可持续发展的道路。因此，探索无氟环保电力设备开发，控制含氟气体的使用，对于我国实现减排目标意义重大，也是电气工程领域重要的研究方向和迫切需要解决的热点问题。

（7）技术应用市场现状

2020年7月6日，126千伏无氟环保型GIS在国家高压电器产品质量监督检验中心（河南）通过最后一项型式试验，由某企业与西安交通大学联合自主设计开发的国内首台126千伏无氟环保型GIS研制成功，标志着我国在输电等级环保型开关产品研发方面取得重大突破。该技术主要服务于国家电网及南方电网，发电公司，煤炭、石油化工企业，钢铁冶炼企业，清洁能源企业等。目前126千伏真空断路器已在平顶山汝州龙泉变电站和河南省高压电器研究所有限公司挂网应用。

2. 案例分析

（1）案例名称

国家电网有限公司河南省鹤壁思德供电站项目。

（2）项目实施情况及节能减排效果

河南鹤壁思德站为126千伏户外电站，此电站高压GIS设备共一个间隔，2021年12月安装完毕，1月8日带电运行，是国内首台套无氟环保型GIS设备。一个间隔年减少六氟化硫用量约为200千克，相当于减少二氧化碳排放当量4780吨。

3. 技术市场潜力分析

（1）市场潜力

我国电力行业前景广阔，发展环境友好型开关设备具有光明的应用前景和极大的经济价值。"十三五"时期，全国发电装机容量达220058万千瓦[①]，年均增长7.52%，全社会用电量达75110亿千瓦时，年均增长5.54%。"十四五"时期，全社会用电量会持续增长。为配合国家新型城镇化战略和乡村振兴战略持续推进，城镇配电网和农村电网提升工作也会持续加强。为实现"双碳"目标，适应新能源发展，建设新型电力系统，电网也需要进行升级改造。在此背景下，"十四五"期间，国家电网计划投入约22300亿元，推进电网转型升级。南网规划投资约6700亿元，以加快数字电网和现代化电网建设进程，推动以新能源为主体的新型电力系统构建。国家电网和南方电网"十四五"电网累计规划投资将超过29000亿元，如果算上两大电网巨头之外的部分地区电网公司，"十四五"期间全国电网总投资预计近30000亿元，高于"十三五"期间的25700亿元、"十二五"期间的20000亿元。

根据国家电网公司数据统计，截至2015年，电网中运行的高压GIS设备达到64663间隔，126千伏及以上电压等级高压断路器达到94024台，总价值超过万亿元[②]。未来电力市场该关键技术完全替代126千伏等级六氟化硫开关设备后，产生的不仅是经济效益，也将产生巨大的环境和社会效益。考虑到国家"碳达峰、碳中和"政策的影响，市场需求定会稳步提升。

（2）环境及经济效益分析

1）生态环境效益

我国电力行业每年六氟化硫气体需求量近5000吨，如图6-5所示，从近年来国家电网公司装用的GIS电压等级来看，国家电网公司装用的126千伏GIS数量占比最高，达59.4%，该技术在完全替代126千伏的六氟化硫电力设备后每年可有效减少约2970吨的六氟化硫气体使用量，等效减少二氧化碳

[①] 数据来源：《中华人民共和国2020年国民经济和社会发展统计公报》。

[②] 数据来源：中国电力科学研究院《国家电网公司2015年开关设备运行情况及近十年GIS故障专题分析》报告。

排放量7098.3万吨。该技术产品在生产制造及应用过程中，主要涉及金属材料、绝缘材料和二氧化碳或氮气气体，不含有危险化学成分，在运行使用过程中不产生环境污染物，且报废设备中的金属材料及二氧化碳或氮气气体可以100%回收循环再利用。产品在线路无故障时，只保持待机状态，在线路故障时，开断时间短，因此在使用过程中具有能耗低的特点。产品绿色环保、安全可靠，对生态环境保护有益，对淡水、土壤、生物等无不良影响，符合绿色环保可持续发展的要求。

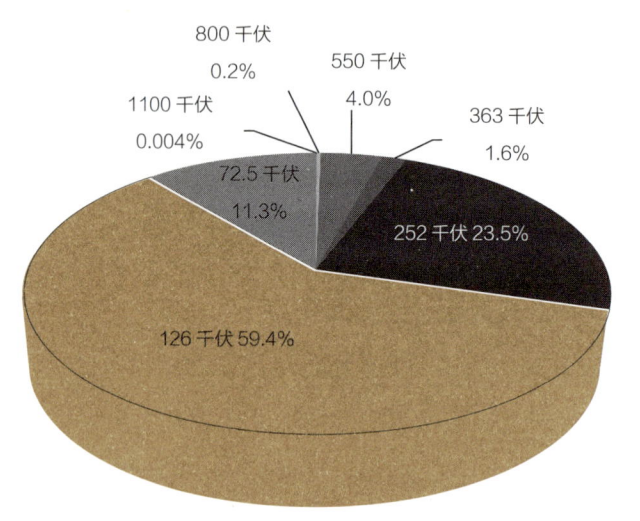

图 6-5 国家电网高压 GIS 设备电压等级分布

2）社会经济效益

该技术产品结构比六氟化硫开关设备简单，零部件数量大约减少50%。考虑材料成本、加工成本等因素，产品会节约相对昂贵的六氟化硫气体成本和回收处理费用，从而产生直接经济效益。全面替代现有产品后，通过销售采用该技术的126千伏真空断路器和126千伏无氟环保型GIS，每年可实现直接经济效益11.7亿元。产品每年可有效减少约2970吨的六氟化硫气体使用量，节资约1.2亿元。产品全生命周期内免维护，不需要气体处理和回收，可减少约1000万元费用。真空灭弧室、高压力波纹管等创新技术可带动上下游产业链发展，增加就业岗位。

总之，无氟环境友好型开关设备符合国家可持续发展要求，有利于开拓国际市场。该系列产品的研发和生产，打破了国外在关键技术上的封锁和制约，引领了我国电力设备行业的发展，提升我国电力行业的整体技术装备水平，带动电力装备产业系统升级换代，增强我国在电力设备领域的核心竞争力，具有可观的经济效益和显著的社会效益和环境效益。

（三）介质浴外盘管式焦炉上升管荒煤气余热回收利用技术应用典型案例

1. 技术概况

（1）技术名称

介质浴外盘管式焦炉上升管荒煤气余热回收利用技术。

（2）技术性质

某企业自主研发，可适用于现有的4.3~7.65米所有的捣固型和顶装型的常规机焦炉。

（3）技术认证

①2017年被认定为"南京市新兴产业重点推广应用新产品"项目。

②2018年通过江苏省经信委组织的新产品新技术鉴定，被认定为国内外首创、国际领先水平。

③2018年获得江苏省科技成果转化专项资助。

④2019年入选《国家工业节能技术装备推荐目录（2019年）》。

⑤2020年通过中国节能协会的科技成果评价，认定为国际先进水平。

⑥2020年获中国节能协会节能减排科技进步二等奖。

⑦2020年入选国家《绿色技术推广目录（2020年）》。

⑧2021年获江苏省能源研究会能源科学技术进步二等奖。

⑨2021年该企业牵头编制了中国钢铁工业协会和中国金属学会联合发

起的"钢铁高质量发展标准引领行动团体标准"中的《焦炉上升管荒煤气余热回收利用系统技术规范 外盘管式》。

⑩本技术获授权的发明专利4件（其中PCT国际发明专利2件）、实用新型专利27件；获授权的软件著作权1件。

（4）技术领域

焦化余热利用。

（5）技术原理和工艺流程

本技术中，介质浴外盘管式焦炉上升管换热器的结构如图6-6所示，热源介质是焦炉荒煤气，冷源介质包括水、导热油、蒸汽。根据冷源介质的种类，焦炉上升管荒煤气余热回收利用系统可分为如下三种：

①上升管蒸发器系统。

②上升管导热油换热器系统。

③上升管过热器系统。

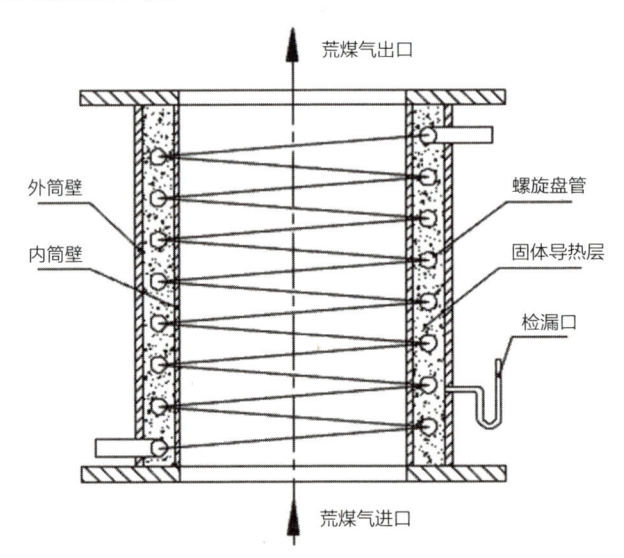

图6-6　介质浴外盘管式焦炉上升管换热器结构示意图

对焦炉上升管内排出的约800℃高温荒煤气进行高效高品位余热回收，降温幅度约200℃，回收热量可产生不低于4.0兆帕中高压饱和蒸汽、或对蒸汽加热至400℃以上、或产生不低于260℃的高温导热油，回收热量可以和化产工艺结合，替代原燃用焦炉煤气的低效管式加热炉，对焦炉和化产工艺的生产无任何安全风险。

本技术虽然比水夹套式的上升管换热器结构技术起步稍晚，但因其在安全性、环保性、承压能力、回收效益等方面表现突出，得到用户的广泛认可，已成了焦炉上升管荒煤气余热回收利用市场的主流技术。

本技术相关的余热回收利用工艺如图6-7所示。

上述工艺中，均已有成功投运的实际案例，可利用焦炉上升管荒煤气余热回收的热量，完全替代脱苯或蒸氨的管式加热炉。

（6）技术背景

焦炉炭化室排出进入上升管的荒煤气温度约800℃，其热量约占焦炉总支出热的36%，因含有大量焦油蒸气，且处于高含尘、高腐蚀性、温度交变、流量交变等复杂环境中，余热回收难度很大。传统工艺直接喷洒氨水使其降温至约80℃，产生大量的低品位余热，并消耗大量的氨水。

（7）技术应用市场现状

截至2021年年底，本技术已在国内近百座焦炉上得到了成功应用，均产生了很好的经济效益，总体平均而言，每生产1吨焦炭的荒煤气余热回收产蒸汽量达到了100千克。近两年，随着国内各行业节能减排、碳达峰碳中和要求的不断提高，在淘汰落后产能的同时，本技术在冶金焦化和独立焦化两大领域的市场应用需求日益增加，除已投运焦炉需要改造成上升管荒煤气余热回收以外，几乎所有的新建焦炉都必须配备有上升管荒煤气余热回收系统。对于需要高效高品位回收焦炉上升管荒煤气余热的场合，回收技术均指定采用本技术。至此，介质浴外盘管式焦炉上升管换热器技术得到了国内外焦化用户的广泛认可，在国内的细分市场占有率已达约80%，已成为焦炉荒煤气余热回收市场的主流技术。

本技术正在走向世界，先后已有韩国现代钢铁、浦项制铁等企业的焦

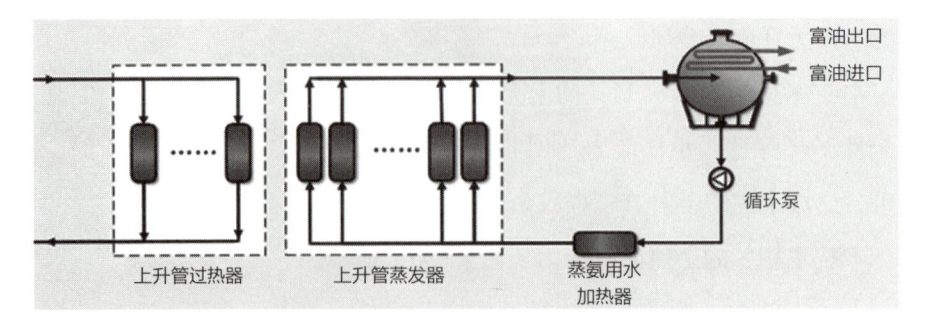

a）蒸汽加热贫、富油，泵后热水加热蒸氨用水，完全替代脱苯或蒸氨管式炉

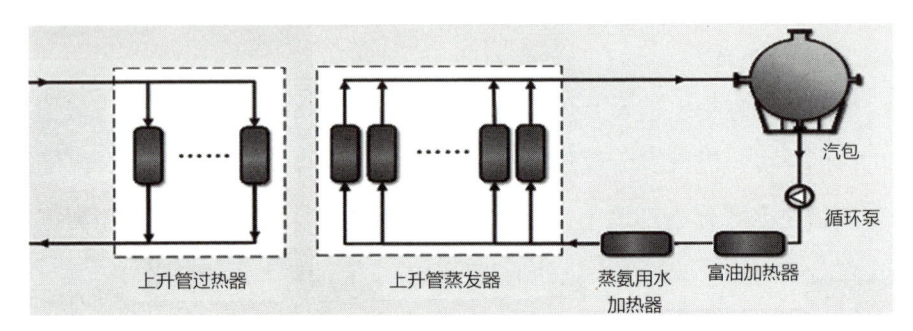

b）泵后热水加热贫、富油及蒸氨用水等，完全替代脱苯或蒸氨管式炉

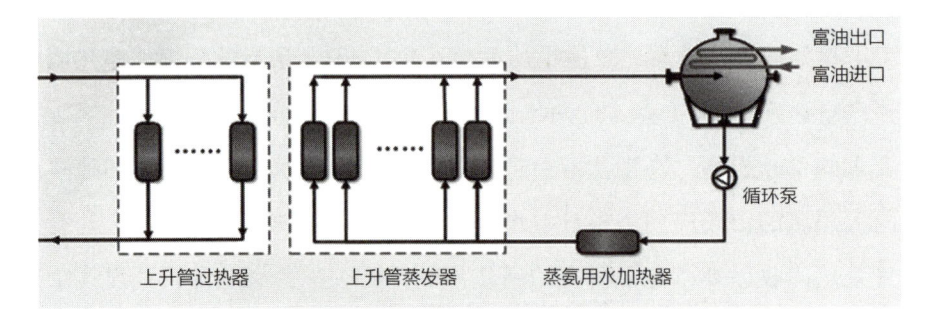

c）蒸汽加热贫、富油，泵后热水加热蒸氨用水，完全替代脱苯或蒸氨管式炉

图 6-7　焦炉上升管荒煤气余热回收利用工艺示意

炉荒煤气余热回收利用项目正在洽谈中；跟随国内某大型煤化工企业在印尼投资的大型焦炉上也已确定采用本技术。

2. 案例分析

（1）案例名称

焦炉上升管荒煤气余热高效高品位回收利用技术。

（2）项目实施及节能减排效果

某焦化有限公司年产200万吨焦炭的120孔上升管全部更换为外盘管结构式的上升管换热器，利用回收来的焦炉上升管荒煤气余热产生约2.0兆帕饱和蒸汽并入管网。整个余热回收系统的主要设备包括：上升管换热器、水循环动力系统、蒸汽利用系统、检测控制系统、辅助系统等。项目于2020年3月确定，2020年6月开始改造，2020年9月中旬调试完毕正式投运。经第三方专业测试机构测试，在实际焦炭年产能为188万吨的工况、104℃除氧水进口的条件下，2.0兆帕饱和产气量为26吨每小时，年节能量为21711吨标准煤，相当于减排二氧化碳量59053吨、二氧化硫量185吨、氮氧化合物量161吨。

据用户生产数据自测显示，采用本技术后，荒煤气初冷器的运行成本降低约15%。节能环保效果十分显著。

3. 技术市场潜力分析

（1）市场潜力

我国焦炭年产量约5亿吨，约占世界焦炭总产量的70%，其中的85%用于冶金工业，焦炉总数超过2000座，焦炉荒煤气余热回收的国内市场规模400多亿元。日本、韩国等国际市场潜力也比较可观，随着节能减排和双碳要求的不断提高，国际市场近1.5亿吨焦炭焦化市场也将不断被开发，国外的市场规模约120多亿元。

（2）环境及经济效益分析

本技术在我国全面推广后，由焦炉上升管荒煤气的余热回收带来的焦炉总节能量折合标煤约580万吨/年；在荒煤气的下游处理工艺（荒煤气初冷器）中，可带来约15%的运行成本降低效益，折合标煤年节省量约20万吨；将本技术与焦化的化产工艺结合，化产能效可节省标煤约100万吨/年。三项组合，可共计节省标煤约700万吨/年，节能效果十分显著。

本技术在焦化行业的应用，还可减排二氧化碳1350万吨/年，二氧化硫43940吨/年、氮氧化合物27160吨/年；将本技术与焦化的化产工艺结合后，可额外减排二氧化碳390万吨/年，二氧化硫12630吨/年、氮氧化合物7805吨/年，环境效益十分突出。

按照吨标煤产气10.5吨蒸汽、蒸汽吨价120元计算，本技术应用所产生节能量可减少约88亿元/年用热成本，经济效益十分可观。

（四）高效节能低氮燃烧技术应用典型案例

1. 技术概况

（1）技术名称

高效节能低氮燃烧技术。

（2）技术特性描述

瞬烧分层均衡超燃安全高效降碳低氮节能燃烧技术。

（3）获得荣誉及技术鉴定情况

①入选2020年12月31日国家发展改革委办公厅、科技部办公厅、工业和信息化部办公厅、自然资源部办公厅发布的《绿色技术推广目录（2020年）》（发改办环资〔2020〕990号文件）。

②2018年12月被科技部专家评审为国际先进科技成果，并录入科技部科技成果网，鉴定结果：《科学技术成果评价报告20190114》。其中评审意见摘要指出"该项目技术水平先进，节能减排效果显著，目前国内外尚未见相同研究和应用，是燃烧器技术领域关键性和引领性技术创新。"

③2019年9月，国家发展和改革委国家节能中心对该技术进行鉴定，鉴

定结果：《国家节能中心高效节能低氮燃烧技术科技成果转化节能评价意见》[国家节能中心文件节能（2019）30号]。

（4）技术领域

《绿色产业指导目录（2019年版）》中节能环保产业领域的节能改造细分领域。

（5）技术背景及应用现状

中国天然气消费及进口依存度呈高速增长的态势，2021年，我国天然气表观消费量3726亿立方米，同比增长12.7%，根据中国石油集团经济技术研究院测算，天然气对外依存高达到46%，国家对氮氧化合物排放的严格要求已促使大量企业改用低氮燃烧器。

高效节能低氮燃烧器技术应用的行业非常宽泛，可应用在：钢铁、石油化工、冶金、锅炉、印染、橡胶、化肥、精细化工、陶瓷、石灰、钛白粉、塑料等行业。以燃气作为主要燃料的产业，都需要高效燃烧技术，只是工艺不同，都具有节能、环保、低碳、安全的燃烧要求。

石油化工、钢铁、发电、化工和金属冶炼等现代生产中大量应用天然气作为燃料，而矿物质资源是不可再生的资源，如何充分利用有限资源，减少排放是世界工业面临的问题。现有燃气加热设备，因其传统燃烧理论的局限性和传统结构上的不足，导致热效率低，燃烧不充分，氮氧化物、一氧化碳和二氧化碳排放高，能源使用效率不高。

某企业联合相关高校、科研机构和行业生产企业，经过长期的研究和反复实验论证，研究开发出瞬烧分层均衡超燃安全高效降碳节能燃烧技术（BLESS）。BLESS技术为全世界首创，从燃烧方式上解决了传统燃烧器未能解决的节能、降碳、低氮、安全不能兼顾的难题，将为应用企业的降碳节能减排提供理论、技术和应用依据，促进相关行业的转型升级，向智能化，低碳低氮、节能、安全可控方向发展。

该技术已经实现了技术成果转化，技术先进成熟，已具备大规模市场推广条件。在实际应用中，实际测算数据证明可实现11%~30%以上的节能，并能够降低氮氧化合物和二氧化碳的排放。同时能够大幅度降低企业的主要生产成本，显著提高企业的经济效益，可广泛应用于以各类燃气作为燃料的工业企业的加热环节。

在石油炼化领域，燃气的成本几乎占整个企业的10%以上，因此节约燃气的经济效益非常可观。同时，减少燃料使用不仅可以减少碳排放，还可以减少氮氧化物等排放，环境效益十分显著。在我国中石油、中石化、中海油、中国化工以及地方炼油企业规模比较大的有上百家，其中作为应用案例的中石化某分公司，利用该技术每年在生产制造过程中节省能源费用10亿元以上。

2. 案例分析

（1）案例名称

中石化某分公司F601溶剂油加热炉及F401柴加氢加热炉节能改造项目。

（2）项目实施及节能减排效果

①F601溶剂油加热炉改造项目

安装时间：2015年9月

安装设备：F601溶剂油加热炉

安装数量：6台

节气率达到15%~27%，氮氧化合物含量低于50毫克/立方米。

②F401柴加氢加热炉技术改造项目

该企业在F601溶剂油加热炉安装并测试成功之后，又对F401柴加氢加热炉进行了节能改造。

该企业现在年耗气成本约60亿元，按F401加热炉的实际节能率17.89%计算，年节能效益达10.73亿元，节气量为39318万立方米/年，按每立方米天然气燃烧排放二氧化碳量1.96千克/立方米测算，则二氧化碳减排量为77万吨/年。

3. 技术市场潜力分析

（1）未来中国天然气消耗量预测

本预测数据引用行业报告《Natural Gas in China：aRegional Analysis》[9]中测算出的中国在2020—2030年的天然气需求量，该报告预测中国2019年天然气需求量为4000亿立方米，到2030年将达到6000亿立方米，年平均增长率为3.76%。

但是2019和2020年出现了全球性新冠肺炎疫情，对经济造成了不可抗力的影响，若以这两年的实际数据作为基点数据，整个趋势预测会有一定偏离，且预测期越长，预测结果偏差越大，所以上述预测中仍采用报告中数据作为预测基点数据。

BLESS燃烧技术适用于天然气、高炉煤气和石化气三大节能领域，在此对三大适用领域未来十年的需求量及增长趋势进行预测，其结果如图6-8所示。

（亿立方米）

年份	数值
2021	7036
2022	7245
2023	7464
2024	7684
2025	7923
2026	8164
2027	8407
2028	8651
2029	8858
2030	9066

对口目标
市场规模

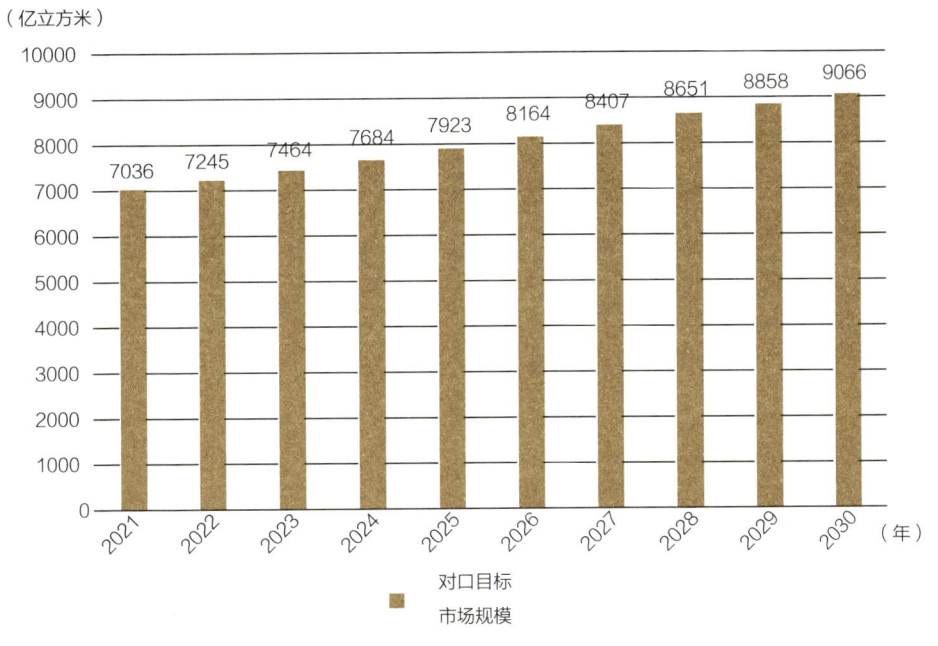

图6-8　十年技术目标市场规模增长趋势预测

其中预测天然气市场规模年增长率为3.76%，高炉煤气市场规模年增长率1.5%，石化气市场规模年增长率3.46%；考虑到技术适用性不能全面覆盖目标市场领域，因此目标市场可适用比例分别设定为：天然气领域为80%；高炉煤气及石化气领域为85%，则适用市场需求总量和对口目标市场规模见表6-4。

表6-4 适用市场需求总量和对口目标市场规模

单位：亿立方米

适用市场名称	未来五年市场规模	未来十年市场规模
天然气	18904	41584
高炉煤气（等值天然气）	12989	26982
石化气（等值天然气）	5459	11932
合计	37352	80498

（2）BLESS技术应用效果预测

以2021年至2025年作为技术应用预测期，在目标市场中应用本技术的项目节能效率一般在10%~30%，按保守原则取平均值15%作为测算节能率。依照上述天然气市场规模预测可知，应用本技术后五年可节约等值天然气约5603亿立方米，可实现节能效益约15240亿元（天然气单价按2.72元计算），每年能够减少二氧化碳排放量约2.2亿吨。根据英国石油公司（BP）2020年世界能源数据，中国2020年二氧化碳排放总量约为98.94亿吨[①]，那么本技术的实施可减少的二氧化碳排放量为全国碳排放总量的2.08%。

同时应用本技术能够减少的氮氧化物分为两个部分：一部分是节省下未燃烧的等值天然气所减少的氮氧化物排放，另一部分是应用本技术后氮

---

① 数据来源：产业信息网 https://www.chyxx.com/news/2021/0716/963439.html.

氧化物实际排放量与国家标准之差。经测算，五年合计可减少氮氧化物排放约100万吨。

（五）中深层地岩换热技术应用典型案例

1. 技术概况

（1）技术名称

中深层地岩换热技术。

（2）技术性质

某企业自主研发，取得15项产品及技术发明专利和18项工程类实用新型专利，获得天津地热勘查开发设计院、天津大学、中国石油地热勘探开发研究院等多家专业机构在内的综合技术评审和肯定。

（3）技术领域

清洁能源产业\清洁能源设施建设和运营［《绿色技术推广目录（2020年）》中规定分类索引］。

（4）技术背景

中深层地岩换热技术适用于集中供热无法覆盖的北方城镇，南方城镇新兴供热市场，以及受技术资源条件所限煤改气、煤改电等常规手段的技术经济性无法保证的应用场景。

如图6-9所示，中深层地岩换热技术的原理是向地下钻探一口2000~2500米（视地域地热情况和需求而定）深井，再把密闭的深层地热换热装置放置于井内，该换热装置由内外两层套管组成。向换热装置注入水（换热介质），通过循环水泵令水从内外套管之间的空间流下。水在流下的过程中逐渐被套管外部地层岩体加热，达到井底后再通过内管循环至地面，作为热泵机组的低位热源。中深层地岩换热技术的核心工艺和设备包括：定制套管管材、钻井与成井、井底取热装置、内管绝热涂层、光纤测温系统、高效热泵机组和蓄能系统。

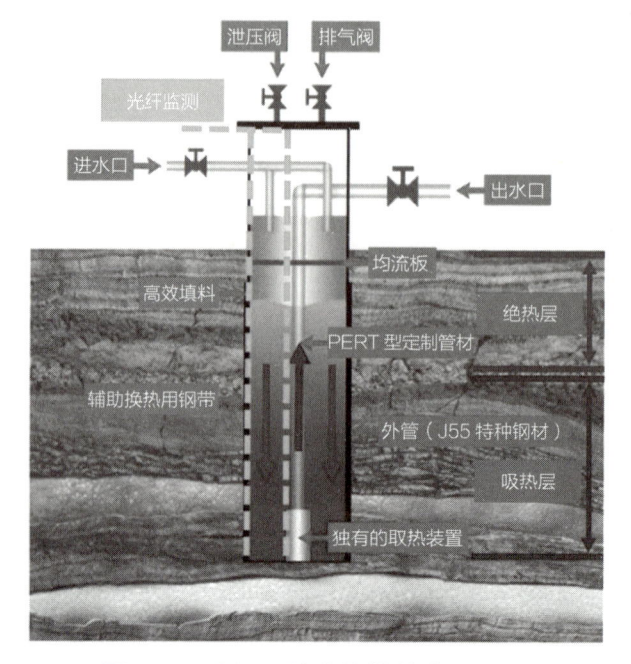

图 6-9 中深层地岩换热技术的原理

图片来源：天津柯瑞斯新能源集团有限公司。

（5）应用现状

该公司在2019—2020年期间，已完成近100万平方米供热项目的实施并已投入运营。在建供热项目规模近500万平方米，至2020年7月达成合作意向及签约供能面积已达到3000余万平方米，项目所在位置涵盖天津、北京、河北、山东、江苏、江西等地。技术所有方目前与国内大型规模的央企、私企、外企及资本机构合作已达20余家，在清洁供暖、供冷市场领域已近5%的推广比例。

2. 案例分析

（1）案例名称

北京住总天津武清大自然文荟广场。

（2）项目背景

该项目为国家住建部超低能耗建筑的重点示范项目，由北京住总集团联合德国PHI[①]认证设计并承建，为亚洲铂金级（最高级别）的被动式建筑。经过德国PHI机构专家、北京住总节能中心专家多轮考察、论证，最终选择采用中深层地岩换热联供系统为该项目提供低成本的供暖、供冷及生活热水供应服务，真正地实现超低能耗运行、被动式建筑的设计。

（3）项目基本信息

①项目位置：天津市武清区大自然文荟广场。

②供能面积：5万平方米。

③建筑业态：酒店+写字楼+商业体。

④提供服务：冬季供暖、夏季空调、24小时生活热水。

⑤重点技术应用：2口2000米纵深深层地岩换热井、供热/供冷/生活热水综合联供能源站及调峰蓄能系统、新风系统及空气净化系统、室内风盘末端系统、智能控制系统、能源物联网大数据采集监控平台。

⑥主要参数：热井换热温度45~55℃，井底温度85~90℃。

⑦项目总投资：3200万元。

⑧项目建设期：4个月。

⑨项目模式：由北京住总集团出资，该企业新能源EPC[②]总包。

⑩供热起始：自2020年供暖季起。

⑪供能成本：2020供暖季运行成本7~8元/平方米；供冷季运行成本10~11元/平方米。

（4）项目实施

由该公司EPC总包实施，提供整体交钥匙工程：

①项目整体的供热、供冷、生活热水解决方案：包含前期地质勘测、能源系统设计、整体技术及工艺实施方案。

---

① PHI，德国被动房研究所（Passive House Institute）。——编者注
② EPC，设计采购施工总承包。——编者注

②该公司自有的专利技术：中深层地岩换热联供技术以及系统中涉及的所有柯瑞斯专利技术及产品。

③由该公司自有队伍完成项目所有的工艺实施：热井钻探、能源系统建设、控制系统设计及装配，新风系统设计及装配、室内末端系统建设、供热管网设计及建设、能源物联网系统的研发、设计及建设等。

④项目完工调试、后期定期维护、远程能源监控、对甲方管理人员的专业培训等。

3. 技术市场潜力分析

中深层地岩换热技术的整个换热过程均发生在密闭换热装置中，不接触任何外界资源，做到完全的"取热不取水"，不受地下岩体结构及成分，以及是否有地下热水等条件限制，适用于我国大部分省市5万平方米以上建筑群或城区（居民区、办公区、园区）的高效、规模化清洁供暖和生活热水联合供应。

中深层地热能与其他常规环境热能相比，能源品位较高，可显著提高热泵能效比，综合节能效益突出；与浅层土壤热能相比，中深层地热能来自地球内部的同位素衰变，长期使用不存在明显衰减。另外中深层地岩换热技术的单井取热量大，打井数量少，可用于既有建设项目清洁热源替代，适应多样的应用场景。

中深层地岩换热技术通过充分利用取之不尽、用之不竭的深层地热能量，在大规模推广及应用后，可充分减少我国在清洁供暖领域对现有其他资源（煤、气、电）的消耗和依赖。该技术以其"取热不取水"、无污染、零排放等特点，在本身对生态资源及环境无任何不良影响的情况下，充分保护了地下水资源，同时避免了因采用其他能源系统而造成的对生态及环境的不良影响。系统超高的综合能效是奠定大面积推广及持续应用的基础，同时大量节省了对电力的消耗和负荷的依赖。

以100万平方米住宅供暖为例，采用中深层地岩换热技术对比传统集中供热系统，每年可节约标煤4670吨，减排二氧化碳11987吨；对比燃气供暖系统，每年可节约标煤8357吨，减排二氧化碳21450吨。

为了更好地指导和促进绿色技术创新和应用，我国政府制定了相应的政策和法律，以便相关行政部门和企业在进行绿色技术创新和应用时有明确的目标指引和行动原则。整体而言，绿色技术创新和应用相关的法律法规和支持政策越来越完善。虽然构建市场导向的绿色技术创新体系的文件颁布时间较短，但前期的相关政策已经奠定了良好的体系基础，同时部分国内一、二线城市已经就构建市场导向的绿色技术创新体系进行了积极而有益的探索，为构建市场导向的绿色技术创新体系积累了宝贵经验。在相关政策的激励和引导下，各主体绿色技术创新情绪高涨，2021年，全国绿色技术创新年度指数已经达到4791.20，14年中增长了近4.8倍，全国绿色专利申请量也由2008年的4.3万件增长至2021年的达15万余件，2020年更是高达22万余件；绿色产业得到蓬勃发展，2016—2020年国内环保产业市场规模也呈增长趋势，2020年市场规模达到79000亿元。但当前，我国绿色技术创新体系仍不健全，绿色技术创新和应用发展还面临着许多困难和阻碍。未来，我国需要围绕政府、企业、高校和科研机构、科技中介机构、社会公众等创新主体持续发力，以市场为导向加快构建绿色技术创新体系，促进绿色技术创新和应用，从而为实现"双碳"目标和推进生态文明建设提供重要支撑，推动经济高质量可持续发展。

本章参考文献

[1] 于光远.自然辩证法百科全书［M］.北京：中国大百科全书出版社，1995：214.

[2] FERKISS V, ELLUL J, NEUGROSCHEL J. The technological system［J］. American Political Science Association，1980，75（3）：739.

[3] 王海银，苏珊娜陈，陈洁.国际技术评估建设进展及启示［J］.科技管理研究，2016, 36 (11)：29-31.

[4] 蔡心宜.产品绿色技术知识集成和应用方法研究［D/OL］.杭州：浙江大学，2018［2022-06-01］. https://kns.cnki.net/KCMS/detail/detail.aspx?dbname=CMFD201801&filename=1018068241.nh.

[5] 刘战礼.环境技术评价的理论及模型研究［D/OL］.长春：吉林大学，2007［2022-06-01］. https://kns.cnki.net/KCMS/detail/detail.aspx?dbname=CMFD2007&filename=2007106368.nh.

[6] 高志永.环境污染防治技术评估方法及技术经济费效分析研究［D/OL］.中国地质大学（北京），2010［2022-06-01］. https://kns.cnki.net/KCMS/detail/detail.aspx?dbname=CDFD1214&filename=2010085988.nh.

[7] 李焕，牟桂芹，姜学艳.中国石化环保技术评估体系研究［J］.安全、健康和环境，2012, 12 (04)：26-29, 42.

[8] 樊纲，王小鲁，朱恒鹏.中国市场化指数——各地区市场化相对进程2009年报告［M］.北京：经济科学出版社，2010.

[9] Li X.Natural Gas in China: a Regional Analysis［EB/OL］.［2022-06-01］. https://ora.ox.ac.uk/objects/uuid:35805ffa-756a-4e97-a8a9-ef6ef03c1cd3.